Hans Hausrath

Der deutsche Wald

Verlag
der
Wissenschaften

Hans Hausrath

Der deutsche Wald

ISBN/EAN: 9783957004345

Auflage: 1

Erscheinungsjahr: 2015

Erscheinungsort: Norderstedt, Deutschland

Hergestellt in Europa, USA, Kanada, Australien, Japan
Verlag der Wissenschaften in Hansebooks GmbH, Norderstedt

Aus Natur und Geisteswelt
Sammlung wissenschaftlich = gemeinverständlicher Darstellungen
153. Bändchen

Der deutsche Wald

Von

Prof. Dr. Hans Hausrath
in Karlsruhe

Mit 15 Textabbildungen und 2 Karten

Druck und Verlag von B. G. Teubner in Leipzig 1907

Vorwort.

—

Dies Büchlein soll einen Überblick geben über Umfang, Entstehung, Bewirtschaftung und Bedeutung unserer Wälder. Ich habe dabei immer an die geschichtliche Entwicklung anzuknüpfen gesucht, da die bestehenden Verhältnisse sich meist nur aus diesen erklären lassen. Möge es dazu beitragen, die Liebe zum Wald zu fördern.

Selbstverständlich muß eine solche Darstellung sich vielfach auf die Arbeiten anderer stützen. Immer die Quellen anzuführen war unmöglich, der Fachmann wird sie ja auch so erkennen. Die Literaturangaben zu den einzelnen Kapiteln enthalten daher auch nur die wichtigsten Werke, aus denen eine gründlichere Belehrung über die einzelnen Fragen geschöpft werden kann.

Heidelberg, im August 1906.

Dr. H. Hausrath.

Inhaltsübersicht.

I. Kapitel.

Die Waldfläche und ihre Veränderungen.

Wichtigste Literatur. Endres, Forstpolitik. Vierteljahrshefte zur Statistik des Deutschen Reiches. Gradmann, Das mitteleuropäische Landschaftsbild usw. Geographische Zeitschrift 1901. Nehring, Tundren und Steppen. Hoops, Waldbäume und Kulturpflanzen im germanischen Altertum. Wimmer, Geschichte des deutschen Bodens.

Wer gefragt wird, was der deutschen Landschaft ihre Eigenart verleiht, wird in der Regel den Wald nennen, der unsere Gebirge mit einem grünen Mantel einhüllt, der die Kuppen unserer Hügellandschaften krönt, der als Auenwald unsere großen Ströme weit durch die Niederungen begleitet, der auch große Flächen des Tieflandes bedeckt und kaum irgend einer Gegend ganz fehlt. Auch in den Liedern und Sagen unseres Volkes spielt bekanntlich der Wald eine hervorragende Rolle. Und doch ist Deutschland durchaus nicht das waldreichste Gebiet unseres Kontinents, geschweige denn der ganzen Erde. Der Osten und Norden Europas sind im allgemeinen reicher, Süden und Westen ärmer an Wald als Deutschland, das mit einer Waldfläche von 13 995 868 Hektar, d. h. 26% seines Bodens ungefähr in der Mitte steht. Zum Vergleich kann die Tabelle I dienen, die ferner darüber Aufschluß gibt, wieviel Wald auf den Kopf der Bevölkerung kommt. Auch hiernach erscheint Deutschland durchaus nicht sehr waldreich; es bleibt mit einem Viertelhektar auf einen Einwohner sogar erheblich hinter dem Durchschnitt Europas — 0,79 Hektar — zurück. Jenes Urteil, das dem Walde in der Gestaltung des deutschen Landschaftsbildes eine so große Bedeutung beimißt, beruht wohl darauf, daß unser Vaterland meist nur mit den waldarmen Gebieten des südlichen und westlichen Europas verglichen wird, die uns eben immer noch viel besser bekannt sind als z. B. Rußland.

Auch in Deutschland finden wir sehr erhebliche Unterschiede in der Bewaldung. Sehr waldreich sind vor allem die meisten deutschen Mittelgebirge. Stark bewaldet ist ferner der deutsche Anteil des Hochgebirges bis an die Baumgrenze hinauf, über die übrigens auch ein Teil der Höhen unserer Mittelgebirge — Brocken, Riesengebirgskamm, Feldberg, Elsässer Belchen und andere. — emporragen. Ausgedehnte Waldungen finden wir weiter auf der oberschwäbisch-bayerischen und der fränkischen Hochebene, während der ebene Teil von Unterfranken, die württembergische Neckargegend und das badische Hügelland zwischen Schwarz- und Odenwald nur ein mittleres Bewaldungsprozent aufzuweisen haben. Auch das obere Rheintal zwischen Basel und Darmstadt zeigt noch eine mittlere Bewaldungsdichte, der hessische Rheingau (Rheinhessen) aber ist das waldärmste Gebiet des Deutschen Reiches. Das Bewaldungsprozent sinkt hier auf 4,6 herab. Von der norddeutschen Tiefebene ist der Westen nur mäßig bewaldet, ja die Nordseeküste sowie Schleswig-Holstein — 6% — direkt waldarm. An der Ostsee rückt der Wald bekanntlich vielfach bis an die Küste heran, doch bleibt auch der Osten des Tieflandes hinter dem durchschnittlichen Bewaldungsprozent Deutschlands zurück, nur die Mark Brandenburg ist erheblich waldreicher (33,4%). Übrigens finden sich auch in den anderen östlichen Provinzen Preußens große zusammenhängende Waldmassen, aber die Verteilung ist eine ungleichmäßige, und im Ganzen sind nur rund 19% Forstland. Die Tabelle II gibt eine Übersicht der Bewaldung nach größeren natürlichen Gebietsgruppen.

Das Gedeihen des Waldes ist in unseren geographischen Breiten in erster Linie abhängig von dem Vorhandensein einer genügenden Luftfeuchtigkeit und der von dieser bedingten Höhe der Niederschläge. Beides wird ihm überall in Deutschland zur Genüge geboten. Denn nach den Untersuchungen von Mayr hört der Baumwuchs erst auf, wenn während der Hauptvegetationsperiode — Mai bis mit August — die durchschnittliche relative Luftfeuchtigkeit unter 50% sinkt, und die Regenmenge während dieser Monate nicht mehr 50 mm erreicht. Andererseits können zu hohe Luftfeuchtigkeit und eine übergroße Niederschlagsmenge das Gedeihen des Waldes verhindern, weil sie auf undurchlässigem Boden die Moorbildung hervorrufen. Da die Niederschlagsmengen mit der Erhebung wachsen, haben wir in der zu großen Luftfeuchtigkeit einen der Faktoren, welche die obere Grenze des Baumwuchses im Gebirge bedingen. Mächtiger noch wirken auf diese der Wind und die Wärme ein, und zwar ist nach der Ansicht der meisten Forscher dem Wind der größere, wenn nicht gar ausschließliche, Einfluß zuzuschreiben. Seine Wirkung beruht darauf, daß er die Verdunstung gewaltig steigert und so in der Zeit, während der der Boden gefroren ist, die Wurzeln also kein Wasser aufzunehmen vermögen, das Vertrocknen der von ihm getroffenen Pflanzenteile verursachen kann. Soweit die Pflanzen im Schnee stecken, bleiben sie erhalten, was über die schützende Decke hervorsieht, geht ein. Darum ist auch die Baumgrenze keine gerade, sie folgt nicht streng einer Höhenlinie, sondern in den geschützten Mulden und Tälern steigt der Wald höher hinan als an den dem Wintersturm preisgegebenen Bergwänden.

Mayr hat das Verdienst, die Bedeutung der Temperatur für die Waldgrenze betont zu haben. Maßgebend ist die Temperatur in der Vegetationszeit. Wo die Durchschnittstemperatur der Monate Mai bis August unter 10° sinkt, da löst sich der geschlossene Wald auf, denn die Triebe der Holzpflanzen vermögen nicht mehr genügend auszureifen, sie werden vom ersten Winterfroste getötet, wenigstens soweit sie über die Schneedecke heraussehen. Auch kommt es nicht oder nur sehr selten mehr zur Erzeugung keimfähigen Samens, die natürliche Fortpflanzung und Erhaltung des Waldes ist ausgeschlossen.

Aus der Abhängigkeit von der Sommerwärme erklärt sich leicht, daß die Baumgrenze im Norden beträchtlich niedriger liegt als im Süden. So finden wir sie am Brocken bei 1000 m, im Riesengebirge bei 1170 m, während sie in den bayrischen Alpen bis 1800 m hinaufsteigt. Im Schwarzwald und den Vogesen liegt heute die Waldgrenze zwischen 1350 und 1400 m, es ist aber fraglich, ob das Zurückweichen des Waldes von den höchsten Kuppen dieser Gebirge auf natürlichen Ursachen beruht, und nicht vielmehr lediglich eine Folge der durch Jahrhunderte ausgeübten Weidewirtschaft ist. Mitgewirkt hat diese jedenfalls.

Der dem Baumwuchs nachteilige Einfluß heftiger Winde tritt auch an unserer Nordseeküste deutlich hervor, die geringe

1

Bewaldung jener Striche ist mit dadurch veranlaßt. Auf den Nordseeinseln sind Bäume selten, sie vermögen sich nur im Schutze der Dünen und Häuser zu erhalten, und der letzte Wald, den man beim Verlassen der Elbe vom Schiff aus erblickt, zeigt durch die geringe Höhe seiner Stämme und die einseitige, dem Winde abgekehrte Ausbildung seiner Kronen deutlich, wie sehr seine Entwicklung durch die Nordseestürme gehemmt wurde. Durchwandert man einen Wald jener Gegend, von der See herkommend, so sieht man, wie die Bäume am Rande nur wenige Meter hoch sind, während sie nach dem Innenlande zu immer größer werden. Die vorderen Bäume schützen eben die weiter zurückstehenden. Zu der nachteiligen Wirkung des Windes gesellt sich hier übrigens auch die des von ihm weit ins Land mit fortgetragenen Salzwasserstaubes, wie ein Vergleich mit der Ostsee zeigt, deren Küstenwälder an einzelnen Stellen ähnliche, wenn auch nicht so schlimme Beeinträchtigungen des Wuchses erkennen lassen, an windgeschützten Orten aber mit den schönsten Deutschlands zu wetteifern vermögen.

Der Boden genügt wohl überall in Deutschland den Ansprüchen des Waldes, wenn wir absehen von den Torfmooren, dann von den kleinen Strecken salzhaltigen Grundes an der Meeresküste und einigen Stellen des Binnenlandes, weiter von den in Bewegung befindlichen Dünen und Flugsandschollen. Sind diese letzteren jedoch der Einwirkung des Windes entzogen, so überziehen sie sich zunächst mit einer dürftigen Grasnarbe, und dann stellt sich eine Strauchvegetation und später der Wald ein. Daß die ausgedehnten Heiden Nordwestdeutschlands früher zum größten Teile mit Wald bedeckt gewesen sind, läßt sich beweisen. Davon zeugen auch die Reste des alten Baumwuchses, die sich überall trotz Mensch und Heideschaf zu erhalten vermocht haben.

Ein Hindernis für das Auftreten geschlossener Wälder bilden endlich zu steile Hänge. Wo die Neigung über 40° hinausgeht, tritt meist schon der nackte Fels zutage, nur auf flacheren Absätzen und in Spalten findet sich so viel Erde, daß einzelne Bäume sich mehr oder minder kümmerlich zu erhalten vermögen.

Es sind also nur kleine Teile Deutschlands, in denen heute kein Wald zu gedeihen vermöchte. Bliebe der Boden nur etwa 50 Jahre sich selbst überlassen, so würde unser Vaterland ein großer zusammenhängender Wald sein, aus dem gleich Inseln aus dem Ozean nur die höchsten Bergesspitzen, Moore und ähnliche Flächen hervorsehen und den ein schmaler waldarmer Saum längs der Nordseeküste einfassen würde. Wir hätten das Bild, das man sich häufig vom Zustand Deutschlands zur römischen Zeit gemacht hat.

Aber wenn auch die Schilderungen römischer Schriftsteller dieser Annahme zu entsprechen scheinen, mit den tatsächlichen Verhältnissen zu Cäsars und Tacitus' Zeiten stimmt sie nicht überein. Des letzteren Worte: „aut silvis horrida aut paludibus foeda" (starrend von Wald, reich an Sumpf) dürfen wir nicht allzu wörtlich nehmen. Hier wie bei der Schilderung des germanischen Klimas dürfen wir nicht vergessen, daß die Berichterstatter stammen aus dem milden, hochkultivierten, damals schon sehr waldarmen Süden, daß sie die deutschen Verhältnisse beurteilten vom Standpunkt einer hohen, ja überfeinerten Kultur. Daher erschien ihnen das Land noch unwirtlicher, als es war. Der beste Beweis dafür, daß das damalige Deutschland keine Waldeinöde gewesen sein kann, ist die zahlreiche Bevölkerung, die es nach den Berichten der gleichen Autoren hatte. Denn solche Menschenmengen hätten in einem zum größten Teile vom Urwald bedeckten Lande nicht leben können.

Der Urwald ist nicht wildreich, sondern wildleer, in seinem dichten Schatten, auf dem vom Moder der zusammengebrochenen früheren Baumgenerationen hochbedeckten Boden wächst kein Futter, weder für das Wild noch für das Weidevieh. Da nun aber die Germanen zur Zeit, als Griechen und Römer sie kennen lernten, schon Ackerbau trieben und große Herden besaßen, müssen ausgedehnte waldfreie Flächen den Urwald unterbrochen haben. Aber wir dürfen auch nicht annehmen, daß diese Weide und Ackergründe von unseren Vorfahren in noch früherer Zeit dem Walde durch Rodung abgerungen worden seien, dazu fehlten ihnen die nötigen Hilfsmittel. Sie müssen sie also im wesentlichen bereits vorgefunden haben.

Mit dieser Anschauung stimmen auch die Ergebnisse der Forschungen auf dem Gebiete der Vorgeschichte, der Geologie und Pflanzengeographie überein.

Die ältesten Ansiedelungen in Mitteleuropa fanden statt auf Steppenland, worunter wir uns allerdings nicht weite baumlose Gebiete, sondern einen Wechsel von offenem Grasland mit Baumgruppen und kleinen Gehölzen vorzustellen haben. Die Entstehung dieser Vegetation ist auf das Ende der Eiszeiten zurückzuführen; denn darüber ist wohl kein Zweifel, daß während der letzten Kälteperiode Steppe und Wald nebeneinander in unseren Gegenden bestanden, daß letzterer insbesondere die eisfreien Teile der Mittelgebirge bedeckte. Meinungsverschiedenheiten bestehen dagegen über den Umfang der Steppe am Ausgang der Eiszeit, im allgemeinen scheint dieser sich zu decken mit den heute noch vom Löß bedeckten Gebieten. So sagt Gradmann, der sich um die Aufhellung dieser Frage große Verdienste erworben hat: „Solche Steppenbezirke sind z. B. im norddeutschen Tiefland die großen diluvialen Stromterrassen, besonders die Niederungen der Elbe und der Saale, der Ostrand des Harzes, in Süddeutschland die oberrheinische Tiefebene, das untere Alpenvorland, ferner die Hochflächen der schwäbischen und fränkischen Alb, die Niederungen des Main- und Neckargebietes, das nördliche Böhmen". Der gleiche Gelehrte stellt auch ausdrücklich fest, daß dies die nämlichen Gebiete sind, in denen wir die ältesten Spuren von Niederlassungen finden, was ganz naturgemäß ist. Denn nur hier, nicht im Urwald, konnte sich ein reicheres Tierleben entfalten, so daß die Jagd eine wichtige Rolle in der Volksernährung zu spielen vermochte, hier fanden unsere wichtigsten Nutztiere — Pferd, Rind, Schaf — geeignete Lebensbedingungen, so daß die Haltung großer Herden möglich war, hier endlich bot sich Gelegenheit zum Anbau von Getreide.

Die erste Besiedelung muß noch in der Diluvialzeit erfolgt sein, sonst wäre unter dem dem Walde günstigeren, feuchten recenten Klima die Steppe verschwunden, da auch der Löß einen sehr guten Waldboden bildet. Der Mensch hat, so primitiv auch seine Kultur gewesen sein mag, das Vordringen des Waldes auf das von ihm einmal in Besitz genommene Kulturland zu verhindern vermocht, und zwar dürfen wir im Zahn des Weideviehs und in der Brandkultur — d. h. dem Abbrennen des Bodenüberzuges zur Düngung der Äcker und Verbesserung der Weideflächen — die Ursachen sehen, die ein Aufkommen von Holzgewächsen verhinderten. Wo aber der Wald vor der Ankunft der Menschen schon festen Fuß gefaßt hatte, da ist sein Umfang auch von den Germanen bis zum Ende der Völkerwanderung nicht erheblich geschmälert worden. Kleine Feldgehölze verschwanden wohl ganz, der Saum des Urwaldes mag gelichtet und in ihm das Aufkommen junger Bäume durch die ständige Beweidung verhindert worden sein, wodurch die spätere Umwandlung in Feld erleichtert und vorbereitet wurde, umfangreichere Rodungen im Urwalde selbst waren dagegen noch nicht möglich, dazu ist schon eine höhere Kulturtechnik und ein gewisser Besitzstand erforderlich, um das Leben zu fristen, bis der neu gewonnene Acker Ernten gibt. Sind doch auch noch im 8. Jahrhundert manche im Urwald angelegte Siedelungen nach kurzem Bestande wieder eingegangen.

Steht so einerseits fest, daß im alten Deutschland erhebliche Flächen waldfreien Geländes vorhanden gewesen sein müssen, so ist auf der anderen Seite doch sicher, daß der Wald eine viel größere Ausdehnung besaß als heute. Vielfach sind wir imstande, seine Zurückdrängung urkundlich nachzuweisen, und wo dies nicht möglich ist, verraten uns häufig noch die Orts- und Flurnamen, daß eine Waldrodung stattgefunden haben muß. Für das Großherzogtum Baden läßt sich allein aus den Flurnamen erschließen, daß 18% des heute landwirtschaftlich genutzten Bodens früher Wald gewesen sind. Schlägt man diese Fläche zum dermaligen Waldbestand, so steigt das Bewaldungsprozent schon fast auf 50, und da von vielen Rodungen die Namen keine Kunde geben, ist es natürlich noch größer — vielleicht 70—75 — gewesen.

In den von ihnen besetzten Teilen Deutschlands haben wohl auch die Römer schon größere Rodungen vorgenommen, in die eigentlichen Waldgebirge selbst drangen sie doch wohl nur dort ein, wo Erzlager oder warme Quellen sie anlockten oder strategische Zwecke sie dazu veranlaßten. Daß sie die unfruchtbaren Waldgebiete lieber mieden, und daß darauf der eigentümliche Verlauf des oberrheinischen Grenzwalls — Limes — zwischen Main und Donau zurückzuführen ist, hat Gradmann überzeugend dargetan. Den von den Römern geschaffenen Kulturboden haben später die Germanen weiter genutzt, gar manches Stück fiel aber wieder dem Walde zu.

Nach den Stürmen der Völkerwanderung begann mit dem 6. Jahrhundert infolge der wachsenden Bevölkerungsdichte eine neue Periode energischer Rode- und Siedelungstätigkeit, die etwa bis 900 reichte und unter den ersten Karolingern ihren Höhepunkt erreicht haben dürfte. An der Zurückdrängung des

Waldes, der damals noch ein Kulturhindernis war, beteiligten sich einmal die bäuerlichen Gemeinden, die für ihren Menschenüberschuß durch Ausdehnung der alten Feldmark und durch Anlage neuer Dörfer Platz gewinnen mußten, sodann aber, und wohl in noch stärkerem Grade, weltliche und geistliche Große, um Land zum Eigenbau oder zur Vergebung an Zinsbauern zu erlangen. Bekannt ist die große Tätigkeit, welche die Klöster auf diesem Gebiete entfalteten. Auch die aus politischen Gründen von Karl dem Großen vorgenommenen Verpflanzungen größerer fremder Volksteile — insbesondere von Sachsen — haben die Urbarmachung wesentlich gefördert. Aber so groß auch die Zahl der Dörfer ist, die in jenen Zeiten entstanden, so erheblich die gerodeten Flächen gewesen sind, es handelte sich dabei doch mehr nur um einen Ausbau des bisher schon besiedelten Landes, in die vom Urwald bedeckten Gebirge drangen erst vereinzelte Ansiedelungen vor. Im Innern des Schwarzwaldes ist kaum ein Ort, dessen Entstehung in die Zeit der Karolinger zurückreichte, vom badischen Odenwald waren noch um 1100 fast lediglich die Ränder besiedelt, ja selbst auf dem flachen Rücken, der die oberrheinische Ebene zwischen Murg und Neckar durchzieht, stand damals noch fast ununterbrochener Wald. Wie verlassen solch große Waldgebiete waren, zeigt die Tatsache, daß der Dichter des Heliand im 9. Jahrhundert den Begriff Wüste einfach durch Wald ersetzt.

Die letzte Periode großer Rodungen begann etwa um 1100, in ihr drangen die Niederlassungen nun auch in das Innere der Gebirge vor, und im Laufe der nächsten beiden Jahrhunderte wurde, wenigstens in West und Süddeutschland, allmählich der Wald auf das Gelände zurückgedrängt, das er heute noch besitzt, ja die Landwirtschaft hat damals auch vielfach von Böden Besitz ergriffen, die ihren Ansprüchen auf die Dauer nicht entsprachen, und eine Reihe der damals gegründeten Orte ist nach kürzerer oder längerer Frist wieder eingegangen.

Nach Arnolds Untersuchungen sind die Orte, deren Namen zusammenhängt mit „roben" — wie Friedrichsroda, Reute, Raithaslach — oder mit „hagen" = einfriedigen, zumeist erst in dieser Periode entstanden. Eine Zusammenstellung, die er für das hessische Gebiet machte, zeigt nun, daß von 400 Orten mit Namen auf rob (rot) 260, von 150 mit hagen be zeichneten 100 wieder verschwunden sind. Wie weit Kriege, insbesondere der dreißigjährige, sodann Seuchen an diesem Verschwinden ganzer Ortschaften beteiligt sind, läßt sich nicht genau ermitteln, jedenfalls waren Mißgriffe in der Wahl der Örtlichkeit die Hauptursache, sonst wäre in besseren Zeiten eine Wiederkultur erfolgt. So aber fielen die Flächen wieder dem Walde zu. Seit dem Beginn des 14. Jahrhunderts bemühten sich Landesherren und Waldbesitzer im größten Teile Deutschlands, die Waldfläche zu erhalten. Diese Absicht beherrscht auch die Forstgesetzgebung bis zum Ende des 18. Jahrhunderts, nur in den ersten Jahrzehnten nach dem Dreißigjährigen Kriege fanden größere Rodungen statt, aber sie beschränkten sich fast ausschließlich auf schon früher urbar gewesenes Land.

In den Gebieten westlich der Elbe hat dagegen die Rodungstätigkeit bis zum Ende des 18. Jahrhunderts angedauert, insbesondere haben die preußischen Könige sie gefördert, vor allen Friedrich der Große, der auf die Rodung widerratende Gutachten seiner Forstbeamten mehrfach erwiderte, daß ihm Menschen lieber seien als Holz.

Tabelle I.

Waldungen der wichtigsten europäischen Staaten.
(Nach Endres Forstpolitik. Seite 6.)

Länder	Waldfläche in 1000 Hektar	Bewaldungsprozent	Auf einen Einwohner kommen Hektar
Deutsches Reich	13 996	25,9	0,25
Österreich-Ungarn	21 341	31,7	0,46
Europäisches Rußland . .	207 215	38,5	1,99
Schweden	19 591	47,6	3,81
Norwegen	6 818	21,0	3,05
Schweiz	856	20,6	0,26
Frankreich	9 609	18,2	0,25
Italien	4 176	14,6	0,13
Spanien	8 484	16,9	0,46
Großbritannien . . .	1 229	3,9	0,03
Belgien	521	17,7	0,08
Niederlande	225	7,0	0,04
Europa	307 145	31,0	0,79

Tabelle II.

Übersicht über die Bewaldung Deutschlands nach dem Stand von 1900.

Gebiet	Territorien	Waldfläche		
		in Hektar	in % der Landesfläche	auf einen Einwohner Hektar
Nordostdeutsches Tiefland	Ost-, Westpreußen, Posen, Mittel- und Hinterpommern	2 331 121	19,8	0,34
Schlesien	Schlesien	1 161 893	28,8	0,25
Havel- und Spreegebiet	Mark Brandenburg	1 331 668	33,4	0,27
Küstenland zwischen Ober und Trave	Vorpommern, Mecklenburg . .	358 995	17,9	0,39
Schleswig-Holstein	Schleswig-Holstein, Fürstentum und Reichsstadt Lübeck . .	135 300	6,8	0,09
Nordwestdeutsches Küstengebiet	Nordhannover, Oldenburg, Bremen, Hamburg	514 331	13,1	0,15
Nordwestfalen	Minden und Münster	242 769	19,4	0,18
Nördliche Rheinlande	Köln, Düsseldorf, Aachen . .	327 528	24,1	0,08
Sächsisches Flachland	Magdeburg, Merseburg und Anhalt	507 093	21,1	0,19
Südhannover	Hildesheim, Braunschweig, Lippe-Detmold, Lippe-Schaumburg	340 532	32,4	0,29
Südwestfalen	Arnsberg	323 511	42,0	0,17
Südliche Rheinlande	Koblenz, Trier, Birkenfeld . .	528 330	38,0	0,34
Taunusgebiet und Nordhessen	Hessen-Nassau, Oberhessen, Waldeck	772 334	38,4	0,34
Thüringen	Erfurt und Thüring. Staaten	489 253	30,8	0,26
Königreich Sachsen	Sachsen.	384 540	25,8	0,09
Südbayern	Ober-, Niederbayern, Schwaben	1 069 347	28,7	0,39
Nordostbayern	Oberpfalz, Ober- und Mittelfranken	853 332	35,3	0,43
Unterfranken	Unterfranken.	312 527	37,2	0,48
Südhessen r. d. Rh.	Starkenburg	126 779	41,9	0,26
Württemberg	Württemberg und Hohenzollern	639 354	31,0	0,29
Baden	Baden	567 795	37,6	0,30
Elsaß	Ober- und Unterelsaß	277 446	33,5	0,24
Lothringen	Lothringen	162 385	26,1	0,29
Rheinpfalz	Pfalz.	231 347	39,0	0,28
Hessischer Rheingau	Rheinhessen	6 358	4,6	0,02
	Deutsches Reich	13 995 868	25,9	0,25

Im 19. Jahrhundert können wir zwei Perioden unter=
scheiden. Während der ersten drei bis vier Jahrzehnte stand die
Forstgesetzgebung unter dem Bann der Smithschen national=
ökonomischen Theorien. Die Rodungverbote wurden beseitigt
oder doch wesentlich eingeschränkt, ausgedehnte Umwandlungen
von Wald in Feld fanden statt, leider auch vielfach auf un=
geeigneten Böden. Die Entwaldung der Gebirgshänge vermehrte
die Hochwasserschäden, die Entblößung von Flugsandschollen
veranlaßte die Entstehung von Wanderdünen, die große Strecken
fruchtbaren Bodens verschütteten. Die Erkenntnis dieser Übel=
stände rief dann in der zweiten Hälfte des Jahrhunderts nicht
nur gesetzgeberische Maßnahmen zum Schutze der bestehenden
Waldungen, die zumal in Süddeutschland die Verfügungsfreiheit
des Waldeigentümers sehr einschränkten, sondern auch eine
energische Aufforstungstätigkeit hervor. So hat sich von 1878
bis 1900 die Waldfläche des Deutschen Reiches um 122 942
Hektar vermehrt. Aber immer harren noch 630 000 Hektar
aufforstungsfähigen Ödlandes der Wiederkultur, so daß eine weitere
erhebliche Zunahme der Waldfläche zu erwarten ist.

Ebenso drängt die wirtschaftliche Entwicklung Deutschlands
auf eine Vermehrung des Waldes hin. Denn bei den heutigen
Getreidepreisen und Arbeitslöhnen lohnt der Anbau geringer
Böden und weit vom Hof entlegener Grundstücke nicht mehr,
während die Forstwirtschaft mit ihren bescheideneren Ansprüchen
an die mineralischen Nährstoffe des Bodens und dem kleineren
Bedarf an Arbeitsleistungen auf ihnen noch eine befriedigende
Rente zu erzielen vermag. Sehen wir doch nicht nur im Ge=
birge, sondern auch im dichtbevölkerten oberen Rheintal den
Bauern selbst zu solchen Umwandlungen schreiten. Sie werden
in Zukunft wohl noch häufiger werden.

Mit dieser Auffassung steht nicht im Widerspruch, daß, wie
die Statistik uns zeigt, in einzelnen Teilen Deutschlands auch
während der letzten Jahrzehnte noch eine Verminderung der
Waldfläche stattgefunden hat — so unter anderen in Ostpreußen,
Posen, Königreich Sachsen. Denn gewiß findet sich auch
heute noch im Walde manches Hektar Bodens, das für die
landwirtschaftliche Nutzung durchaus geeignet ist. Weiter ist
ein Teil der Verluste des Waldes auf die Ausdehnung der
großen Städte, auf die Anlage von militärischen Übungsplätzen
und ähnliche Dinge zurückzuführen. Endlich wirkte auch hier

die Lage der Landwirtschaft mit. Zumal in den östlichen Provinzen Preußens haben viele Besitzer große Kahlabtriebe ausgeführt, um sich Geld zu verschaffen, den Boden aber nicht wieder aufgeforstet, sondern öde liegen lassen (z. B. 1890/1900 in den Regierungsbezirken Bromberg, Königsberg, Gumbinnen und Köslin rund 92000 Hektar) Im Interesse der deutschen Volkswirtschaft ist jedenfalls eine baldige Wiederaufforstung solcher Flächen zu wünschen, und so darf, wie gesagt, für die nächsten Jahrzehnte eine weitere Zunahme unserer Waldungen erwartet werden. Ob sie eine dauernde sein wird, oder ob später wieder eine Periode der Rodungen kommt, das hängt vor allem ab von der Entwicklung unserer Landwirtschaft. Solange deren Produktionsbedingungen nicht günstiger werden, wird der Wald eher an Fläche gewinnen als verlieren.

II. Kapitel.

Die Holzarten des deutschen Waldes.

Wichtigste Literatur. Außer den zu dem I. Kapitel angeführten Werken: Gayer, Waldbau. Willkomm, Forstliche Flora. Weber, Aufgaben der Forstwirtschaft in Loreys „Handbuch der Forstwissenschaft".

Die Zahl der Baumarten, die in unseren Wäldern vorkommen, ist keine sehr beträchtliche, an einheimischen sind es 29 Laubhölzer und 7 Nadelhölzer, zu denen sich dann eine Anzahl Sträucher gesellt, die für die Forstwirtschaft teils lästig, teils gleichgültig, nur in seltenen Fällen auch einmal nützlich sind. Von fremden Holzarten sind fünf im deutschen Wald schon seit längerer Zeit angepflanzt und daher als eingebürgert zu betrachten.

Fragen wir aber, welche Holzarten in der Hauptsache unsere Waldungen bilden, so sind es nur 6: die Rotbuche (Fagus silvatica), die Trauben= und die Stieleiche (Quercus sessiliflora und pedunculata), die Kiefer oder Föhre (Pinus silvestris), die Fichte oder Rottanne (Picea excelsa) und die Edel= oder Weißtanne (Abies pectinata).

Häufig als Begleiter dieser Hauptholzarten, selten dagegen für sich allein in reinen Beständen finden wir die Hain= oder

Weißbuche (Carpinus betulus), die Birken (Betula alba und pubescens) und die Zitterpappel oder Aspe (Populus tremula). An sehr feuchten Örtlichkeiten wiegen die Rot= und Weißerle (Alnus glutinosa und incana), Baumweiden (Salix alba und fragilis), Silber= und Schwarzpappel (Populus alba und nigra) vor, im höheren Gebirge auf nassem Boden die Krummholz= kiefer oder Legföhre (Pinus montana). Nur in bescheidenem Maße sind an der Bildung unserer Wälder beteiligt die Esche (Fraxinus excelsior), die Ulmen (Ulmus campestris, montana und effusa), die Ahorne (Acer pseudoplatanus, platanoides und campestre), die Akazie (Robinia pseudacacia), die Linden (Tilia grandifolia und parvifolia), die Wildobstarten (Pirus malus, communis, torminalis und domestica sowie Prunus avium), die Edelkastanie (Castanea vesca), die weichhaarige Eiche (Quercus pubescens), die Roteiche (Quercus rubra), die Pyramidenpappel (Populus pyramidalis) und von Nadelhölzern die Lärche (Larix decidua), Schwarz= und Weymouthskiefer (Pinus austriaca und strobus). Nur im Hochgebirge zu finden ist die Zirbelkiefer oder Arve (Pinus cembra); so selten ge= worden, daß sie keine wirtschaftliche Bedeutung mehr besitzt, ist die Eibe (Taxus baccata). Von denjenigen fremden Holzarten, welche erst seit kürzerer Zeit bei uns angebaut werden, soll später noch gesprochen werden.

Eine genaue Statistik über den Anteil der einzelnen Holz= arten fehlt leider noch immer, ja die Laubhölzer werden in den amtlichen Veröffentlichungen überhaupt nicht scharf von einander getrennt. Daher mögen die folgenden Zahlen vorläufig ge= nügen. Von der deutschen Waldfläche waren 1900 etwa 8% mit Eichen bewachsen, die Buche, der aber auch die übrigen so= genannten harten Laubhölzer mit Ausnahme der Eiche, als Esche, Ahorn, Ulme, Akazie, Edelkastanie, Wildobst, zugezählt wurden, nahm 15½% der Fläche ein, die weichen Laubhölzer — Erlen, Weiden, Pappeln usw. — rund 9%, das Laubholz also im Ganzen 32,5%. Dagegen bedeckt die Kiefer, der die geringen Mengen Weymouthskiefer, Bergföhre und Schwarzkiefer ein= gerechnet sind, 44,6%, die Fichte 20,1, die Tanne 2,7, die Lärche endlich 0,1. Dem Nadelholz gehören also mehr als zwei Drittel unseres Waldbodens.

Ehe wir die Verbreitung der einzelnen Holzarten in Deutschland betrachten, wollen wir versuchen, ein Bild von den

Ansprüchen zu gewinnen, die sie für ihr Gedeihen machen. Den größten Teil ihrer Nahrung entnehmen bekanntlich alle Pflanzen der Luft, deren Kohlensäure sie mit Hilfe des Blattgrüns zerlegen. Den so gewonnenen Kohlenstoff führen sie in eine Reihe von Verbindungen über, die in der Hauptsache den festen Teil des Pflanzenkörpers bilden. Von dessen Trockengewicht ist etwa die Hälfte Kohlenstoff. Aber doch sind auch eine Reihe von mineralischen Nährstoffen für das Leben der Pflanzen erforderlich. Die anspruchsvollsten unserer Waldbäume sind: Esche, Ahorn und Ulme, dann folgen Weiden, Pappeln, Eichen, Buchen, Linden und Edeltannen, genügsamer schon sind: Kastanie, Hainbuche, Erle, Fichte und Birken, die bescheidensten die gemeine Kiefer und die Schwarzkiefer. Ausdrücklich sei hervorgehoben, daß es sich hier nur handelt um die Mengen mineralischer Nährstoffe, die ein Baum bedarf, bezüglich der Zahl der zum Leben unbedingt notwendigen Elemente selbst — Stickstoff, Schwefel, Phosphor, Kali, Kalk, Magnesium und Eisen — besteht kein Unterschied. Auch die anspruchsvollsten Waldbäume bleiben hinter den Anforderungen unserer landwirtschaftlichen Kulturgewächse erheblich zurück, nur Kalk und Magnesia werden von einzelnen in größeren Mengen gebraucht. Bezüglich der Hauptholzarten und wichtigsten Nährstoffe sagt R. Weber: „Es bedarf ein Kartoffelfeld zu einer mittleren Ernte an Phosphorsäure dreimal mehr als 1 Hektar Buchenwald, fünfmal mehr als 1 Hektar Fichtenwald und neunmal mehr als 1 Hektar Kiefernwald zur jährlichen Produktion, während der jährliche Kalibedarf des Kartoffelfeldes von jenem des Buchen-, Fichten- und Kiefernbestandes das Neunfache, Dreizehnfache und Siebzehnfache ist." Der geringe Bedarf der Waldbäume an diesen beiden Nährstoffen beruht zum großen Teil darauf, daß eine höchst sparsame Verwendung stattfindet. Gebraucht werden sie weniger zur Holzerzeugung als zur Bildung von Eiweiß und Stärke, und nun ist festgestellt worden, daß sie sowohl aus dem alten Holz, wie aus den im Herbst absterbenden Blättern auswandern und so immer wieder zur Produktion verwendet werden können.

Von den übrigen Elementen ist der Stickstoff der wichtigste. Nur die Akazie und vielleicht die Erle vermögen ihn unter gewissen Bedingungen auch der Luft zu entnehmen, die anderen Bäume müssen ihn aus dem Boden beziehen. Nun entnimmt

der Landwirt mit der Ernte nach Graf zu Lippe-Weißenfeld
jährlich auf ein Hektar beim Anbau von Weizen 62,4, von
Roggen 51,8, von Kartoffel 60,9 kg dem Boden, während
nach Schröder die Buche jährlich zur Holzerzeugung 10,34,
für die Blätter (Streu) 44,35 kg, im Ganzen also 54,69 kg,
die Fichte 13,2 und 31,9 = 45,1 kg benötigt. Da die
Niederſchläge dem Boden pro Hektar jährlich 4—5 kg Stick-
ſtoff — meiſt als Ammoniak — aus der Luft zuführen und
dem Waldboden offenbar noch weitere, bisher freilich noch
nicht feſtſtellbare Stickſtoffquellen zur Verfügung ſtehen, wird
also durch die Holzerzeugung allein keine Erſchöpfung dieſes
wichtigen Nährſtoffes im Waldboden eintreten können, es muß
ihm eben nur die natürliche Streudecke, die aus den abgefallenen Blättern und Nadeln ſowie deren Verweſungs-
produkten beſteht, belaſſen werden.

Geſtreift haben wir bereits früher das Waſſerbedürfnis
unſerer Bäume, das einerſeits durch die große Verdunſtung,
andererſeits durch den Bau zahlreicher, ſehr waſſerhaltiger
Organe hervorgerufen wird. Auch hier ſind die Anſprüche ſehr
verſchieden, am meiſten verlangen: Eſche, Erle, Weiden, Pappeln,
Ahorn und Ulmen, ihnen ſteht nahe die Fichte; Eiche, Buche
und Edeltanne halten etwa die Mitte, während Kiefer und
Schwarzkiefer wieder mit dem geringſten Maße von Bodenfeuchtigkeit auszukommen vermögen. Höhnel hat berechnet, daß
ein Hektar 115 jährigen Buchenwaldes während der Vegetationszeit 3 500 000—5 400 000 Liter Waſſer braucht. Es beſtätigt
das, was wir früher ſahen, daß nämlich die Niederſchlags-
menge in Deutſchland überall den Bedürfniſſen unſerer Waldbäume genügt.

Von erheblicher Bedeutung für das Gedeihen der Bäume
iſt ferner das Gefüge des Bodens, ob er locker (leicht) oder
dicht (bindig, ſchwer) iſt. Denn ein gewiſſes Maß von Zwiſchen-
räumen — Poren — muß zwiſchen den einzelnen Bodenteilchen
vorhanden ſein, damit Waſſer und Luft in den Boden ein-
bringen, damit er ſich erwärmen könne und ein Wachſtum der
Wurzeln möglich ſei. Im allgemeinen bevorzugen die Nadelhölzer den lockeren, die Laubhölzer bindigen Boden. Auch die
Tiefe der fruchtbaren, den Wurzeln zugänglichen Bodenſchicht
iſt von großer Wichtigkeit. Tiefgehende Pfahl- oder Herz-
wurzeln haben Eiche, Ulme, Kiefer, Ahorn, Eſche, Linde, Edel-

tanne und Lärche. Die Roterle bildet zahlreiche schwache Wurzelstränge, die bis in beträchtliche Tiefen hinabsteigen, bei Buchen, Aspen und Birken finden wir viele kräftige, aber nur mäßig tief reichende Wurzeln. Bei der Fichte endlich haben wir ein ganz flaches, aus kräftigen und schwachen Wurzeln gebildetes, tellerförmiges Nest. Dementsprechend sind auch die Ansprüche der Holzarten an die Bodentiefe sehr verschieden. Tiefen über 2 m sind für den Holzwuchs ohne Bedeutung, für ein Gedeihen der wichtigeren Bäume ist eine solche von 1 m schon völlig ausreichend. Ein sandiger Lehm, der diese besitzt, ist der günstigste Waldboden, da wir in ihm einen genügenden Nährstoffvorrat und ausreichende Bodenfeuchtigkeit mit einem vorteilhaften Lockerkeitsgrad vereinigt finden.

Sehr verschieden ist die Anpassungsfähigkeit unserer Holzarten an die wechselnden Bodenverhältnisse. Am stärksten ist sie bei der Kiefer und dann der Birke ausgeprägt, aber auch bei Buche, Edeltanne, Fichte und Eiche genügt sie, um ihren Anbau in den weitesten Grenzen zu ermöglichen. Überhaupt ist der Boden in größeren Gebieten Deutschands nirgends so gleichmäßig gering, daß sich nicht überall einzelne Stellen finden ließen, die auch das Gedeihen der anspruchsvolleren Holzarten erlauben.

Hohe Luftfeuchtigkeit fördert im allgemeinen, wie wir sahen, das Wachstum der Bäume. In ganz besonders hohem Grade scheint die Fichte davon abhängig zu sein, deren natürliche Verbreitung sich auf Gebiete mit großer Luftfeuchtigkeit beschränkt. Der Kiefer dagegen kann eine solche dann verderblich werden, wenn mit ihr starke Niederschläge in Form von großflockigem feuchtem Schnee — d. h. bei geringen Kältegraden — verbunden sind, denn dann leidet sie sehr unter Schneebruch. In jenen Höhenlagen, in denen der Schnee trocken fällt, ist das Gedeihen der Kiefer daher oft ein besseres als in den tieferen. Wie günstig die Luftfeuchtigkeit im allgemeinen auf das Wachstum der Bäume wirkt, zeigt auch die Tatsache, daß die Holzerzeugung in nassen Jahren eine größere ist als in trockenen. So hat der französische Gelehrte Henry als Folge des allerdings abnorm trockenen Sommers 1893 bei Buche und Fichte einen Zuwachsausfall von 60 % festgestellt.

Die Bedeutung der Wärme für die Existenz des Waldes und ihren Einfluß auf die Lage der Baumgrenze haben wir ebenfalls bereits im ersten Kapitel kennen gelernt. Die höchsten Anforderungen stellen Edelkastanie, Ulme und Stieleiche, dann Edeltanne, Buche, Traubeneiche, Linde, Kiefer, bescheidener noch sind Ahorn, Birke, Erle, Esche und Fichte, mit dem geringsten Maß begnügen sich Lärche, Arve und Bergkiefer. Die Verbreitung nach Norden wird innerhalb der Grenzen des deutschen Reiches nur bei der Edelkastanie durch ungenügende Wärme gehemmt, diese ist im wesentlichen auf das Gebiet beschränkt, in dem Weinbau getrieben werden kann. Klar aber tritt der Einfluß der Wärme in unseren Gebirgen hervor, er bestimmt die Höhenlagen, bis zu denen die einzelnen Holzarten emporsteigen, er zeigt sich deutlich darin, daß an Süd- und Westhängen die Grenze des Vorkommens einer Holzart oft 100 bis 200 m höher liegt, als an den Nord- und Ostseiten des gleichen Berges, und daß diese Grenze um so tiefer zieht, je nördlicher ein Punkt gelegen ist. Einen Einblick hierein gibt folgende kleine Tabelle.

Holzart	Obere Grenze des Vorkommens im:			
	Harz	Thüringer Wald	Schwarzwald	Bayrischen Alpen
Traubeneiche	580	580	970	920
Rotbuche	650	800	1300	1500
Esche	600	650	1200	1300
Edeltanne	—	812	1300	1500
Fichte	1000	1000	1500	1800
Kiefer	650	780	1200	1600

Durch zu große Sommerhitze wird wohl keine unserer Holzarten in der Verbreitung gehindert, nur auf die Güte des Holzes wirkt das milde Klima der tieferen Lagen Süd- und Mitteldeutschlands bei einzelnen, z. B. der Fichte, ungünstig ein, während Lärche und Akazie dort manchmal Schaden leiden, indem sie durch den milden Herbst zu erneutem Austreiben bzw. zu lange dauerndem Wachstum veranlaßt werden, so daß dann die unverholzten Triebe den ersten Frösten zum Opfer fallen. Diese und mehr noch die Spätfröste, die im Frühjahr zur Zeit des Laubausbruches eintreten, üben überhaupt einen großen Einfluß auf die Verteilung der Holzarten aus. Aber während die Wärme der Vegetationsmonate die Grundlinien der Pflanzenverbreitung zieht, beschränkt sich die Wirkung der

Fröste darauf, das Gedeihen empfindlicherer Holzarten in kleineren Gebietsteilen oder auch nur auf einzelne Örtlichkeiten innerhalb ihres natürlichen Verbreitungskreises zu hindern, indem sie durch immer wiederkehrende Beschädigungen sie verkümmern und im Konkurrenzkampf mit härteren Arten unterliegen lassen. Am empfindlichsten ist die Esche, sodann Edelkastanie, Akazie, Rotbuche, etwas weniger noch Eiche, Edeltanne, Fichte, fast unempfindlich Birke, Lärche, Aspe und Kiefer. Am deutlichsten zeigt die Esche, daß zwischen dem Bedürfnis an Sommerwärme und der Gefährdung durch Frühjahrsfröste keine Beziehung besteht. Während schon ein gelinder Maifrost alle ihre jungen Triebe vernichtet, vermag sie den harten Wintern der baltischen Provinzen Rußlands wie unserer Hochgebirge zu trotzen und mit der Wärme auszukommen, die ihr dort im Sommer geboten wird. Das Auftreten von Frösten während der Vegetationszeit aber ist nicht sowohl abhängig von der geographischen Breite und der Höhe über dem Meer als von der örtlichen Geländebildung.

Von weittragender Bedeutung für den Ausgang des Kampfes der Holzarten untereinander im sich selbst überlassenen Urwalde und nicht minder wichtig für die Wahl der geeignetsten Behandlungsweise unserer Forsten sind die Verschiedenheiten in den Ansprüchen an das Licht, vor allem die einigen Bäumen innewohnende Fähigkeit, auch im Schatten älterer Stämme der gleichen oder anderer Art zu wachsen. Daß diese bezüglich der Erhaltung vor den anderen einen großen Vorsprung besitzen, ist einleuchtend. Der Forstmann nennt sie Schatthölzer, die anderen Lichthölzer. Zu ersteren gehören Eiche, Edeltanne, Buche, Hainbuche und Fichte, zu diesen Lärche, Birke, Kiefer, Pappel, Weide, Eiche, Esche, Legföhre, Ulme, Schwarzerle, während Weißerle, Linde, Ahorn, Weymouthskiefer und Arve etwa die Mitte einhalten. Das Lichtbedürfnis der einzelnen Holzart unterliegt übrigens erheblichen Schwankungen je nach den sonstigen Verhältnissen, in denen sich die Pflanze befindet. Kräftiger Boden, reichliche Feuchtigkeit, lange Vegetationszeiten und hohe Lichtintensität vermindern das Lichtbedürfnis.

Die Lichthölzer würden sich im Kampfe ums Dasein noch viel mehr im Nachteil gegenüber den Schatthölzern befinden, wenn sie nicht wenigstens in der Jugend ein sehr viel rascheres Wachstum hätten als diese. So erreicht die Lärche mit drei

Abb. 1. 25jährige Fichten und Edeltannen, die letzteren sind erst halb so hoch.
In fünf Reihen der gleichen Holzart.

Jahren oft schon Höhen von 1 m, während die Buche auf dem
gleichen Boden und bei gleichem Lichtgenuß kaum 20 cm hoch
geworden ist. Welche Unterschiede aber auch zwischen Schatthölzern bestehen, zeigt die Abb. 1, die gleichalte Fichten und
Tannen, hervorgegangen aus Pflanzung auf altem Ackerfeld,
vorführt. Ordnet man unsere Holzarten nach der Energie des
Höhenwuchses in der Jugend, so erhält man nach Gayer
folgende Reihe: Lärche, Birke, Aspe, Ahorn, Esche, Linde, Ulme,
Weide, Weymuthskiefer, gemeine Kiefer, Eiche, Schwarzkiefer,
Hainbuche, Buche, Fichte, Zirbelkiefer, Edeltanne. Mit zu-
nehmendem Alter aber läßt die Wuchsenergie bei vielen der
in der Jugend vorauseilenden Holzarten nach, während sie
bei den erst zurückgebliebenen Schattholzarten nun steigt und
noch lange sehr ansehnlich bleibt. Doch ist auch bei diesen mit
50—60 Jahren das Hauptlängenwachstum vorüber. Die
größten Höhen erreichen bei uns Nadelhölzer, und zwar Fichte,
Lärche, Tanne, Kiefer und Weymouthskiefer. Längen von 35
bis 40 m sind bei ihnen heute noch nicht selten, auch solche
von 50 m finden sich noch hier und da. Von den Laubhölzern
erreichen Eichen, Rotbuchen, Eschen, Linden und Ahorn Höhen
von 30—40, an ganz besonders günstigen Stellen auch bis
45 m, Ulmen, Pappeln, Birken werden meist nur 25—30,
selten über 35 m hoch, für die übrigen Holzarten ist eine Höhe
von 25 m schon recht ansehnlich.

2*

Große Unterschiede bestehen auch bezüglich der erzeugten Holzmasse. Da diese in unseren Kulturwäldern sehr wesentlich bei der Wahl der anzubauenden Holzart mitspricht, mögen darüber einige Zahlenangaben wenigstens bezüglich der wichtigsten Holzarten folgen, in denen auch die durchschnittliche Höhe berücksichtigt worden ist.

Höhen und Holzmassen pro Hektar auf mittlerem Boden.

Holzart	mit 60 Jahren		mit 100 Jahren		mit 120 Jahren	
	Höhe	cbm	Höhe	cbm	Höhe	cbm
Kiefer	15,4	308	21,5	404	23,0	430
Fichte	14,2	428	25,0	739	27,5	806
Edeltanne	12,2	315	23,0	784	26,5	934
Buche	16,9	274	23,0	489	25,0	579
Eiche	16,2	244	22,8	413	25,2	482

Interessant ist, daß diese Unterschiede verschwinden, wenn man nur das Gewicht der erzeugten organischen Substanz, nicht das Volumen berücksichtigt. Dann ergibt sich eine Gesetzmäßigkeit, die man nach Weber folgendermaßen ausdrücken kann: „Die verschiedenen bestandbildenden Holzarten liefern auf den für sie geeigneten Standorten unter sonst gleichen Verhältnissen durchschnittlich jährlich nahezu gleiche Gewichtsmengen Trockensubstanz; die großen Verschiedenheiten im Ertrag nach Kubikmetern der Masse auf gleichen Standorten zwischen den einzelnen Holzarten rühren hauptsächlich von den Unterschieden der spezifischen Gewichte her“. Da nun im allgemeinen der Brennwert unserer Hölzer ihrem spezifischen Gewichte proportional ist, so kann man also auch sagen, daß alle Holzarten gleichviel Brennstoff erzeugen, und daß, wenn wir nur Brennholz erziehen wollten, die Wahl der Holzart gleichgültig wäre. Diese Annahme trifft aber nicht zu, vielmehr streben heute alle Forstverwaltungen danach, recht viel Nutzholz zu erzeugen. Die Nadelhölzer — allen voran Fichte und Edeltanne — liefern größere Mengen und vielseitiger zu gebrauchendes Nutzholz als die Laubhölzer, von diesem Eiche und Esche das wertvollste, Ahorn, Erle, Ulme, Pappeln, Weiden, Linden, Birken und Hainbuche ebenfalls sehr geschätztes Nutzholz, alle aber immer nur zusammen mit einem großen Anfall von Brennholz, die Rotbuche aber gibt heute noch vorwiegend Brennholz.

Die Lebensdauer der Holzarten weist erhebliche Unterschiede auf. Kurzlebig sind Weiden, Pappeln, Birken und Erlen, die meist mit 50 Jahren den Höhepunkt der Entwicklung schon überschritten haben und nicht häufig 100 Jahre erreichen. Auch Esche und Ahorn überdauern das erste Jahrhundert nur selten in gesundem Zustande, ihre höchste Nutzbarkeit haben sie meist mit 80 Jahren erreicht. Fichte, Lärche und Kiefer vermögen sehr wohl 200 Jahre alt zu werden, noch länger dauern Ulme, Edeltanne und Buche aus, die längste Lebensdauer aber besitzen Eibe, Eiche, Linde und Edelkastanie, von denen 500jährige Baumriesen auch heute noch gefunden werden können. Im Kulturwalde freilich kommt die Nutzung in der Regel lang, ehe die natürliche Lebensdauer erschöpft ist, die Umtriebszeiten liegen heute meist zwischen 60 und 120 Jahren, im höheren Gebirge steigen sie auch noch bis 160 an, und nur der Eiche wird wenigstens in manchen Forsten ein Zeitraum von 200 bis 300 Jahren gegönnt, weil bei ihr der Wert ganz besonders von der Stärke des Schaftes abhängig ist.

Bezüglich der Fortpflanzung unserer Waldbäume muß noch auf zwei Dinge hingewiesen werden. Einen leichten, vielfach auch noch durch Flügel für die Verbreitung durch den Wind besonders ausgerüsteten Samen besitzen alle Nadelhölzer außer der Arve und Eibe, weiter Weiden, Pappeln, Birken, Erlen, Esche, Ulmen, Ahorn und Hainbuche, schweren Samen Eiche, Buche, Edelkastanie, die Wildobstarten und die genannten beiden Koniferen. Sind die ersteren schon dadurch begünstigt, so kommt noch hinzu, daß sie häufiger Samen tragen als die Arten der zweiten Gruppe, sie vermögen also viel leichter ihr Gebiet auszudehnen. Das zweite ist die Tatsache, daß unsere Laubhölzer alle — freilich in verschiedenem Grade — die Fähigkeit besitzen, falls der oberirdische Stamm in jüngeren Jahren verloren geht, ihn durch Ausschläge vom Stock oder von der Wurzel zu ersetzen. Von den Nadelhölzern kommt diese Eigenschaft, die im Kampf ums Dasein recht wertvoll ist, nur der Eibe zu.

Unsere bisherigen Betrachtungen haben das Ergebnis gehabt, daß weder Boden noch Klima der horizontalen Verbreitung unserer Holzarten — von der Edelkastanie abgesehen — ein unüberwindbares Hindernis entgegensetzen. Aber freilich begünstigen sie bald mehr die eine, bald die andere Art. Und so liegt ein Grund dafür, daß die Verteilung der Holzarten keine gleichmäßige ist, daß in einzelnen Gegenden die Wälder vorwiegend oder gar fast ausschließlich von einer Baumspezies gebildet werden, darin, daß in den Beständen ein fortgesetzter Kampf zwischen den einzelnen Stämmen herrscht, aus dem, wenn der Mensch nicht eingreift, die als Sieger hervorgehen, denen Boden und Klima am besten entsprechen. Die Tätigkeit des Menschen ist der zweite Grund, auf sie werden wir noch aus= führlich zu sprechen kommen. Zunächst wollen wir die gegen= wärtige Verbreitung unserer Hauptholzarten flüchtig betrachten.

Soweit die Höhenlage ihr Gedeihen gestattet, fehlen unsere beiden Eichenarten keinem Teile Deutschlands ganz. Östlich der Elbe freilich sind sie nur sehr schwach vertreten, selten nehmen sie hier 3 Prozent der Waldfläche ein. Besonders reich an Eichen sind die Waldungen der Rheinprovinz, West= falens, Oldenburgs, von Nassau und Unterfranken, im württem= bergischen Neckarkreis und dem badischen Hügellande zwischen Schwarz= und Odenwald, im letzteren, den Vorbergen der Vo= gesen, der Pfälzer Hardt und der Lothringer Hochebene. Die größten Schätze an alten Eichen bergen der Spessart und der Pfälzerwald (Abb. 2).

Sehr ungleichmäßig ist auch die Verteilung der Rotbuche. Gänzlich fehlt sie nur dem nördlichen Teil der Provinz Ost= preußen, im übrigen Nordostdeutschland tritt sie prozentual zwar sehr zurück, aber doch finden wir überall größere oder kleinere Buchenbestände gleich Inseln eingesprengt in die aus= gedehnten Nadelwaldungen. Groß ist der Anteil der Buche in den Waldungen Schleswig=Holsteins, von Südhannover und ganz Süd= und Westdeutschland; im Hessischen Hügelland, Rhön und Vogelsberg (Oberhessen und Regierungsbezirk Kassel), in Waldeck und Lippe gehört ihr heute noch die Hälfte der Wald= fläche und mehr.

Die Kiefer ist der herrschende Baum im deutschen Osten, wo sie teilweise über 70 Prozent der Bestockung bildet. Auch sonst über ganz Deutschland verbreitet, ist sie verhältnismäßig selten im Harz und in den südwestdeutschen Gebirgen, während sie in der oberdeutschen Rheinebene ziemlich ausgedehnte reine Bestände bildet, die freilich meist künstlichen Ursprungs sind.

In den deutschen Alpen, auf der schwäbisch=bayrischen Hoch= ebene, im Bayrischen und Böhmerwald, im Erzgebirge, den

Abb. 2. 300jährige Spessarteichen.

Sudeten, dem Fichtelgebirge, Thüringerwald und Harz wiegt
die Fichte vor, auch in Ostpreußen und auf dem Schwarzwalde
nimmt sie rund ein Drittel der Waldfläche ein. In den
übrigen Gebirgen Westdeutschlands und dem nordwestdeutschen

Flachlande ist ihre Verbreitung dagegen auch heute noch eine geringe, von Natur fehlte sie in den meisten dieser Gegenden ganz, oder kam doch nur sehr vereinzelt vor. Aber bei keinem unserer Waldbäume sind die Grenzen der natürlichen Verbreitung heute stärker verwischt als bei der Fichte, sie ist die Holzart, die am meisten durch die forstliche Kulturtätigkeit des letzten Jahrhunderts gewonnen hat.

Beinahe gerade das Gegenteil gilt von der Edeltanne, deren natürliche Verbreitungsgrenze heute etwa dem Fuß der deutschen Mittelgebirge entlang zieht und bei Sorau unter 51°41′ n. Br. ihren nördlichsten Punkt erreicht. Darüber hinaus finden sich nur einzelne künstliche Anlagen, von denen die dem Ende des 18. Jahrhunderts entstammenden schönen Altholz=bestände bei Aurich und Kiel zeigen, daß ein Gedeihen der Tanne auch im norddeutschen Flachlande nicht ausgeschlossen ist. Auch innerhalb ihres eigentlichen Verbreitungsbezirkes ist die Edeltanne heute meist nur schwach vertreten, am stärksten be=teiligt ist sie an der Waldbildung in den Vogesen, Deutsch=Lothringen, dem Schwarzwalde und dem Frankenwalde.

Unterscheiden wir nur Laubwaldgebiete auf der einen, Nadel=holzgegenden auf der anderen Seite, so können wir sagen, das Laubholz herrscht heute vor in Schleswig=Holstein einschließlich der Lübecker Gegend, im Teutoburger Wald, dem Solling, Süntel, Deister, sowie dem Hügellande, das von Osnabrück bis Helmstedt den Fuß dieser Gebirge umsäumt und den Übergang zum nordwestdeutschen Flachlande bildet. Ebenso im südlichen Westfalen, in der Eifel, dem Hunsrück, dem rheinischen Schiefer=gebirge, Taunus, Rhön, Vogelsberg, dem hessischen Hügelland, dem Wesergebirge und der Thüringer Mulde; ferner in den Vogesen und der Pfälzer Hardt sowie auf der lothringischen Hochebene, im Odenwald, Spessart und Steigerwald, in dem Hügellande zwischen Main und Neckar, auf den Fildern und der schwäbischen Alb sowie den Jurabergen, die den Rhein vom Bodensee bis Basel begleiten, endlich auf den Vorbergen des Schwarzwaldes und in der oberrheinischen Tiefebene, hier aber rechts des Stromes nur etwa bis zur Einmündung der Murg, links bis zur Grenze zwischen Elsaß und der Pfalz. In dieser halten sich Laub= und Nadelholz noch fast das Gleich=gewicht, im übrigen Deutschland, vor allem dem ganzen Osten, überwiegt das Nadelholz, und zwar in der Ebene die Kiefer, im Gebirge die Fichte. Eine Darstellung dieser Verteilung gibt die Karte I, während II den Stand um das Jahr 1300 verdeutlichen soll.

Schon ein Blick auf die beiden Kärtchen läßt erkennen, welch große Verschiebungen eingetreten sind, und legt die Frage nahe, inwieweit dieser Wechsel der Holzarten auf natürliche Bedingungen zurückzuführen ist. Ehe wir ihre Beantwortung versuchen, müssen wir die Quellen betrachten, aus denen wir Nachrichten über die frühere Bewaldung schöpfen können. In die älteste Vergangenheit unserer Wälder bis zum Ende der Eiszeit zurück führen uns die Funde in den Torfmooren. Bei den systematischen Untersuchungen, wie sie besonders von skandinavischen und norddeutschen Forschern ausgeführt worden sind, haben sich überall Holzstücke, Blattreste, Samen und Blütenteile in einem Zustand vorgefunden, der die Bestimmung der Pflanzenart gestattete. Sie stammen von der Flora, die zur Zeit der Bildung der fraglichen Torfschicht auf dem Moore und an seinem Rande wuchs, von den Bäumen, die es umgaben, die leichteren Teile, wie z. B. der Blütenstaub, können auch vom Winde aus größerer Entfernung herbeigetragen worden sein.

So können wir uns aus den Torffunden ein Bild von der Flora im allgemeinen machen und aus dem Wechsel der Pflanzenreste in den verschiedenen Schichten auch die allmählichen Veränderungen in der Zusammensetzung des Waldes erschließen.

In den Pfahlbauten und in jenen Abfallhaufen — Kjökkenmöddinger —, welche vorgeschichtliche Völker in den Ostseegegenden hinterlassen haben, fanden sich Reste von Holz, Holzkohle und Baumfrüchten, ebenso bei den Ausgrabungen von Grabhügeln, von römischen Niederlassungen und Befestigungsanlagen. Wenig ergiebig sind dagegen die Mitteilungen der römischen Schriftsteller, da sie vorwiegend nur die ihnen auffälligen Dinge berichten, auf Einzelheiten aber kaum eingehen. Die von Plinius gegebene Schilderung der deutschen Wälder enthält so große Irrtümer, daß sie für unsere Zwecke nicht brauchbar ist.

Für das Mittelalter kommen Grenzbeschreibungen, sonstige Urkunden, landesherrliche Verordnungen und vor allem die Aufzeichnungen bäuerlicher Rechte, die Weistümer, Öffnungen, Dingrodel und wie sie sonst noch heißen mögen, in Betracht.

Einzelne von ihnen gehen bis ins achte Jahrhundert unserer Zeitrechnung zurück, in reichster Fülle sind sie uns seit dem 13. Jahrhundert aus allen Teilen Deutschlands erhalten. Da in vielen derselben die Regelung der Waldnutzungen eine große Rolle spielt, sind vielfach auch die einzelnen Holzarten aufgeführt. Wichtige Aufschlüsse können wir endlich den Orts- und Flurnamen entnehmen, die ja vielfach eine Holzarten- bezeichnung enthalten und dann beweisen, daß zur Zeit der Namensgebung der betreffende Baum in der Gegend vor- gekommen ist. Vorsicht ist natürlich erforderlich, wenn man aus dem Fehlen einer Holzart in diesen Namen auch ihr Fehlen selbst erweisen will. Das ist nur dann zulässig, wenn es sich um ein größeres natürlich begrenztes Gebiet handelt, und wenn keine andere Tatsache der Annahme widerspricht, die Holzart sei hier nicht vorgekommen. Die Ortsnamen sind in- sofern wertvoller, als bei ihnen meist die Zeit der Entstehung mit ziemlicher Sicherheit ermittelt werden kann und sie auch weiter zurückreichen als die Flurnamen.

Auf das Ende der Eiszeit folgte in Norddeutschland eine Periode, in der Birke, Aspe und Kiefer die Waldungen bildeten. Die letztere dürfte zunächst nur mehr die höheren trockenen Rücken in Besitz genommen haben, als dann der Boden all- mählich trockener wurde, gewann sie immer mehr an Gebiet, und es folgte, wie Hoops, dessen treffliche Ausführungen ich diesem Abschnitte im wesentlichen zugrunde gelegt habe, fest- gestellt hat, eine längere Zeit des vorherrschenden Föhrenwaldes. Als das Klima wärmer wurde, drangen Erle, Haselnuß und Eiche in diese Gebiete ein, und allmählich wurde die Kiefer durch die Eiche in der Herrschaft abgelöst, sie verschwand im Westen der Elbe und an der Ostseeküste fast gänzlich, nur im Binnenlande, östlich der Elbe, hat sie sich wohl immer ziemlich zahlreich erhalten. Die Vorherrschaft der Eiche hat sicher sehr lange gedauert, in manchen Gegenden wohl bis zum Beginn der historischen Zeit, ihr Ende zeigt sich in den Torfbildungen an durch das Auftreten von Resten der Fichte und Buche. Von diesen hat die erstere sich im größten Teile des norddeutschen Flachlandes nicht lange zu halten vermocht und wurde in der Hauptsache auf Ostpreußen beschränkt, was Hoops mit dem Vordringen der Nordsee in Zusammenhang bringt. Gegen diese Erklärung muß jedoch eingewendet werden, daß die durch das

Vorrücken des Meeres bedingte höhere Luftfeuchtigkeit vielmehr die Fichte begünstigen mußte und der ungünstige Einfluß der heftigen Seewinde sich nur auf einem verhältnismäßig schmalen Küstenstreifen geltend machen konnte. Daß das „insulare" Klima die Verbreitung der Fichte nicht hindert, zeigt zur Genüge ihr Vorkommen in Norwegen, wo sie bis zum 69. Grade hinaufgeht. Während also das Auftreten der Fichte in dem größeren Teile Norddeutschlands nur von kurzer Dauer war, ist die Buche seitdem dort heimisch geblieben und hat in der ersten Hälfte des Mittelalters in vielen Waldungen die Herrschaft gewonnen.

Auch auf der Hochebene zwischen den Alpen und dem Rhein folgte auf die Vergletscherung zunächst eine Periode des Kiefernwaldes, der aber schon vor der Pfahlbauzeit dem Laubwald mit reicher Einmischung von Fichte, Edeltanne und Kiefer Platz gemacht hatte. Für Süd- und Mitteldeutschland fehlen noch die erforderlichen Untersuchungen, auch liegen hier die Verhältnisse insofern verwickelter, als keine völlige Vergletscherung eingetreten ist. Dadurch war die Möglichkeit gegeben, daß sich Reste der tertiären Vegetation erhielten und daß auch wärmebedürftige Holzarten sich früher als im Norden wieder einfinden konnten.

Bei diesem Wechsel der Holzarten in vorgeschichtlicher Zeit haben Klimaschwankungen eine große Rolle gespielt. Für diejenigen Verschiebungen im Holzartenbestand unserer Wälder, welche seitdem eingetreten sind, brauchen aber keine Klimaschwankungen angenommen zu werden. Sie würden ja sicher die Zusammensetzung unserer Wälder gewaltig beeinflußt haben, und wären sie erwiesen, so müßten wir in ihnen die erste wenn nicht gar alleinige Ursache des Holzartenwechsels in geschichtlicher Zeit sehen. Sie sind aber — siehe Kapitel VI — gar nicht einmal wahrscheinlich, die noch heute wirkenden Faktoren genügen vollständig, um jene Änderungen zu erklären.

Bleibt in unseren Gegenden ein abgeholzter Schlag unaufgeforstet liegen, so sehen wir zunächst allerlei Gräser, Kräuter und Gesträuche von ihm Besitz nehmen. Bald siedeln sich aber, vorausgesetzt, daß alte Bäume dieser Arten in der Nachbarschaft vorhanden sind, Birken, Aspen, Kiefern und Fichten an, verdrängen jene Gewächse und beginnen unter sich den Kampf um den Boden. Zunächst eilen die Birken den Nadelhölzern weit voraus, entspricht diesen aber der Standort, so ändert sich zwischen dem 10. und 20. Jahr etwa das Bild, Kiefern und Fichten schieben sich zwischen den Birken empor, überwachsen sie, und dann sterben die Birken allmählich wegen mangelnden Lichtes ab. Befinden wir uns jedoch in einem Gebiet, dessen Boden und Klima der Eiche und Buche zusagen, so behalten auch die Nadelhölzer die Herrschaft nicht immer. Vielmehr stellen sich, wenn im höheren Alter der Schluß der ersten Baumgeneration sich gelichtet hat, unter ihr auch jene Holzarten ein, die wegen ihres schweren Samens sich nur langsam zu verbreiten vermögen, und verdrängen vielfach den Nachwuchs von Fichte und Kiefer. So berichtet uns Sernander, daß heute in Norwegen die Buche ohne Zutun des Menschen in die Fichtenwaldungen eindringe und daß diese so zu Laubwald umgewandelt werden. Wir finden im sich selbst überlassenen Walde überall einen lebhaften Kampf ums Dasein, und in diesem haben die Laubhölzer den Vorteil, daß sie viel weniger von Insekten und Pilzen zu leiden haben als die Nadelhölzer, und daß sie Beschädigungen viel leichter ausheilen als diese. In der ersten Hälfte des Mittelalters wurde das Nadelholz im Existenzkampf ferner benachteiligt durch die Waldweide und die Brände, die teils zur Verbesserung der Weide, teils zur Ermöglichung eines vorübergehenden Ackerbaues angelegt wurden. Diesem widerstehen die Laubhölzer besser, da sie vom Wurzelstock wieder ausschlagen können. Ebenso überwinden sie die Verwundungen durch den Verbiß seitens des Viehs schneller und werden so durch den Weidebetrieb indirekt begünstigt. Der Mensch aber hatte, solange Holz noch im Überfluß vorhanden war, keinen Anlaß zugunsten einer Holzart einzugreifen. Ein allmähliches Vordringen der Laubhölzer in dieser Periode ist also auch ohne jeden Klimawechsel durchaus erklärlich, ja bis zu einem gewissen Grade direkt notwendig. Wie sich diese Vorgänge im einzelnen vollzogen, entzieht sich unserer Kenntnis. Wohl aber können wir es versuchen, ein Bild der Holzartenverteilung zu jenem Zeitpunkt zu gewinnen, in dem die Hauptrodungstätigkeit abgeschlossen war und die ersten Ansätze einer geordneten Waldwirtschaft sich zeigen. Es ist das etwa das Jahr 1300.

Daß die Laubhölzer im Mittelalter eine viel größere Verbreitung besessen haben müssen als heute, hat bereits 1871

v. Berg auf Grund der Ortsnamen festgestellt. Von 6905 mit Holzartennamen gebildeten Ortsbezeichnungen Deutschlands einschließlich Deutsch-Österreichs und der deutschen Schweiz deuten 790 auf Nadelholz hin, dagegen 6115 auf Laubholz, und auch in Gebieten, die heute fast ausschließlich mit Nadelholz bewaldet sind, überwiegen in den Ortsnamen die Laubhölzer, in Sachsen stellen sie 93 von 115 Namen, in der Mark 139 von 143.

Nach dem heutigen Stand der Forschung läßt sich über die Verteilung von Laub- und Nadelholz im Mittelalter folgendes sagen (vergl. die Karte II). In Schleswig-Holstein, sowie an der Nordseeküste bis etwa zur Linie Harburg—Bremen—Meppen fehlte das Nadelholz ganz. Auch die Lüneburger Heide trug fast reine Laubwaldungen; nur an einzelnen Stellen hatten sich spärliche Reste von Kiefern und Fichten er-halten können, die aber auf den Charakter der Waldungen keinen Einfluß ausübten. Ganz ähnlich wird die Zusammen-setzung der Forsten in dem übrigen nordwestdeutschen Flach-lande gewesen sein. Von den Gebirgen des Mittelrhein-gebietes trug der Taunus nachweisbar ausschließlich Laubholz, und das Gleiche ist für die andern höchst wahrscheinlich, alle unsere Nachrichten erwähnen nur dieses, und für eine Reihe von Gebieten ist genau bekannt, wann die ersten Nadelholz-kulturen ausgeführt wurden. Reiner Laubwald stockte weiter auf dem Teutoburger Walde, dem Solling, Süntel, Deister, im Vorland des Harzes bis nördlich zur Linie Hannover—Königslutter—Magdeburg, auf dem Kyffhäuser und in der Thüringer Mulde, auf dem Eichsfeld, dem Hainich, den Weser-bergen, der Rhön und dem Vogelsberg, sowie im Hessischen Hügellande mit Ausnahme eines schmalen Streifens, der von Marburg bis Eisenach zog und in dem die Kiefer an verschie-denen Stellen, aber immer nur in bescheidenem Umfange zu finden war. Andererseits erstreckte sich eine Zunge dieses Laub-holzgebietes von Fulda her in den Thüringer Wald bis zum Inselsberge. Von dort bis zur Leinequelle herrschte in dem gemischten Walde das Laubholz noch vor, im östlichen Teil und auf dem Frankenwalde überwogen Edeltanne und Fichte, denen sich aber immer noch viel mehr Buchen beigesellten als heute. Ebenso trug der Harz Laub- und Nadelholz im gemischten Be-stande, wobei dieses auf den Höhen jenes, in den tieferen Lagen den Hauptteil stellte.

Ganz gering war der Anteil des Nadelholzes im Spessart und dem Hügellande zwischen Main und Neckar, völlig fehlte dasselbe dem östlichen und dem südlichen Odenwald, während es vielleicht an einzelnen Stellen im nördlichen Teil dieses Gebirges vorgekommen sein kann. In der Rhein=Mainebene zwischen Hanau, Darmstadt und Mainz hat sich die Kiefer nach den neusten Untersuchungen seit der Diluvialzeit immer erhalten, aber auch hier überwog im Mittelalter das Laubholz. Bei Lorsch ist das Vorkommen der Kiefer um 1000 n. Chr. verbürgt, um 1500 war sie, wie es scheint, verschwunden, sie ist hier wie in dem oberen Rheintal bis gegen Rastatt hinauf erst im 16. Jahrhundert wieder künstlich eingeführt worden. Noch weiter gegen Süden war sie wohl immer in geringem Maße den herrschenden Laubhölzern beigemischt. Diese bildeten auch fast ausschließlich die Waldungen der Pfälzer Berge und Lothringens, sie überwogen in den Vogesen, in denen aber auch die Edeltanne immer sehr verbreitet gewesen ist. Im Schwarzwald, dessen Name von seinen dunklen Tannenforsten hergeleitet wird, gehörten die Höhen und der Ostabhang dem Nadelholz, freilich mit reicher Beimengung von Buchen und Eichen; auf den Vorbergen und am Westabhang bis zur Kammhöhe des Gebirges hinauf aber war das Verhältnis meist umgekehrt. Von dem Nadelwaldgebiet des Schwarzwaldes erstreckten sich Ausläufer in die Fildern bis gegen Stuttgart und zum Schönbuch, während diese Gegend sonst ebenso wie der größte Teil der Rauhen Alb nur Laubwaldungen besaß. Gemischter Wald bedeckte die schwäbisch=bayrische Hochebene und die Alpen, aber während in diesen Fichte und Edeltanne vorwogen, waren auf jener die Laubhölzer häufiger. Vom Welzheimer Wald über die Fränkische Hochebene zum Bayrischen und Böhmerwald und zum Fichtelgebirge erstreckte sich ein geschlossenes Nadelholzgebiet, in welchem die Laubhölzer nur schwach vertreten waren. Auch im Erzgebirge, den Sudeten und dem größten Teil des preußischen Ostens überwog das Nadelholz, immerhin war die Beimischung von Eiche und Buche überall viel stärker als heute; in den Oderauen, der Lausitz, einem großen Teile der Mark und in Pommern herrschten diese sogar vor, und die Priegnitz scheint damals überhaupt nur Laubwaldungen getragen zu haben.

Auf die Verbreitung der einzelnen Holzarten kann ich hier nicht näher eingehen, hervorheben möchte ich aber doch, daß unser wertvollster Baum, die Eiche, früher viel häufiger gewesen sein muß als heute. Das beweist nicht nur ihre starke Vertretung in den Orts- und Flurnamen — ein volles Fünftel der durch v. Berg gesammelten Bezeichnungen gehört ihr zu —, sondern auch die ausgedehnte Verwendung zu Bauten, es bestätigen es aber auch zahlreiche Waldbeschreibungen des 18. Jahrhunderts. Kaum minder erheblich waren die Verluste der Edeltanne. Im Harze ist sie so vollkommen verschwunden, daß ihr früheres natürliches Vorkommen lange Zeit überhaupt bestritten werden konnte. Auch auf dem Thüringer Wald und im Erzgebirge haben sich nur spärliche Reste dieser herrlichen Holzart erhalten können. Direkt ausgerottet aber wurde in vielen Gegenden die Eibe, deren frühere allgemeine Verbreitung durch Ortsnamen und Gräberfunde erwiesen ist. Die große Zunahme, die das Nadelholz seit dem Mittelalter erfahren hat, kam fast ausschließlich der Fichte und Kiefer zugut, in viel bescheidenerem Maße noch der Lärche, die ursprünglich nur in den Alpen und auf den Sudeten heimisch war. Ferner ist die Tatsache wichtig, daß im Mittelalter der gemischte Wald die Regel war, auch die eben genannten reinen Laubholzwaldungen bestanden nicht nur aus einer Holzart allein, sondern enthielten neben Eichen und Buchen auch die übrigen Laubbäume.

Während also bis gegen das Ende des 13. Jahrhunderts in dem größten Teil Deutschlands das Nadelholz vom Laubholz zurückgedrängt wurde, trat seitdem das Gegenteil ein. Dieser Umschwung fiel zeitlich zusammen mit den ersten positiven Bestrebungen zu gunsten der Walderhaltung, die wir als eine Folge der wachsenden Bevölkerungsdichte in der Zeit nach dem Ende der letzten großen Rodungsperiode und nach dem Abschluß der energischen Germanisations- und Siedelungstätigkeit im deutschen Osten bezeichnen dürfen. Denn nunmehr genügte wenigstens im volksreicheren Süden und Westen Deutschlands der Wald den Anforderungen vielerorts nicht mehr, die Folge waren Rodungsverbote und Nutzungsbeschränkungen und bald darauf Versuche zur Verbesserung der Waldungen. So wurden 1368 bei Nürnberg die ersten Nadelholzsaaten ausgeführt. Auch die Kultur der Eiche begann wohl um diese Zeit, wenn auch die erste verbürgte Nachricht darüber erst vom Jahr 1398 stammt. Von Nürnberg aus wurde das Verfahren

der Nadelholzsaat im 15. und 16. Jahrhundert in die Frankfurter Gegend und in die Waldungen der oberen Rheinebene
übertragen, und dazu von dort nicht nur der erforderliche
Fichten- und Kiefernsamen, sondern meist auch ein Sachverstän-
diger, der Tannensäer, bezogen, der die Ausführung der Kulturen leitete.

Das Motiv für die Versuche, das Nadelholz in Gebiete
einzuführen, in denen es bisher nicht heimisch war, war wohl
der Wunsch, einen Ersatz für das eichene Bauholz zu gewinnen.
Denn der Hieb gesunder Eichen, deren Früchte dem Wild zur
Äsung dienten und die Grundlage der für den Waldeigentümer sehr einträglichen Mastnutzung bildeten, wurde damals
als ein Unrecht angesehen und demgemäß auch in vielen Forst-
ordnungen ganz verboten. Wo dann die Nadelhölzer einmal
vorhanden waren, ist ihre Verbreitung begünstigt worden durch
die Verwüstung Deutschlands im Dreißigjährigen Kriege und bei
den Raubzügen Ludwigs des Vierzehnten. Es ist bekannt, daß
in jenen Zeiten ganze Dörfer verschwanden und nie mehr er-
standen sind, ihre Fluren wurden wieder Wald, dabei aber kam
den Nadelhölzern ihr leichter, geflügelter Samen zu statten,
dank dem sie vor Eiche und Buche einen großen Vorsprung ge-
wannen. Dann hat die Entwicklung der Waldwirtschaft im
18. Jahrhundert die Ausdehnung der Nadelhölzer gefördert.
Denn es handelte sich damals darum, ausgedehnte Blößen und
durch fehlerhafte Wirtschaft heruntergekommene Böden aufzuforsten, sowie durch das massenhaft gehegte Wild und das
Weidevieh verdorbene Bestände zu ersetzen. Hierzu eignet sich
aber das Nadelholz besser als die anspruchsvolleren Laubhölzer.
Die Forstwirte jener Zeit freilich sahen darin nur einen Not-
behelf, sie wollten später wieder zum Anbau von Buche und
Eiche zurückkehren, wenn die Bodenverhältnisse durch den Nadel-
abfall sich gebessert hätten. Ihr Ideal war überhaupt der
Buchenwald mit starker Eichenbeimengung, wenn sie es nicht
erreicht, wenn sie uns vielfach reine Buchenwaldungen hinterlassen haben, so lag das an der herrschenden Verjüngungsweise
der Dunkelschlagsmethode, die, wie später zu zeigen sein wird,
gleichaltrige Bestände liefert, in denen die lichtbedürftigeren
Holzarten nur gar zu leicht von der dunkelschattenden Buche
überwachsen werden und zugrunde gehen. Die Gerechtigkeit
gebietet aber auch hervorzuheben, daß die Begünstigung der

Buche damals durchaus berechtigt war, konnte doch niemand die Entwicklung unseres Steinkohlenbergbaues ahnen, und war es daher nicht ganz unbegründet, sich darum zu sorgen, ob denn die Wälder den Nachkommen genug Brennholz liefern würden. Wie man so zum Wohl der Enkel in den noch gut bestockten Waldungen der Buche möglichst viel Platz einräumte, da sie das beste Brennholz liefert, so bevorzugte man, um dem schon in der nächsten Zukunft befürchteten Holzmangel zu steuern, bei Aufforstungen das raschwüchsigere Nadelholz, besonders die Kiefer. Auch das mag hier schon erwähnt sein, daß die noch wenig ausgebildete forstliche Technik vielfach bei dem Versuch, einen alten Laubholzbestand durch seinen Samenabfall zu verjüngen, keinen Erfolg erzielte, daß dann durch langes Zuwarten eine Verwilderung oder Vermagerung des Bodens eintrat, die ebenfalls den Nadelholzanbau erzwang.

Ähnliche Umstände haben in der ersten Hälfte des vorigen Jahrhunderts zu einer weiteren Begünstigung der Nadelhölzer geführt. Denn vielerorts befanden sich nach dem Abschluß der napoleonischen Kriegsperiode die Waldungen in einem höchst traurigen Zustande, große Blößen harrten der Aufforstung, die Not der Kriegszeiten und die Unsicherheit der politischen Zustände hatte gar viele Waldeigentümer zu Übernutzungen veranlaßt, die französischen Heerführer hatten teils auf Rechnung ihres Staates, teils für ihre eigene Kasse in den besetzten Landesteilen große Holzverkäufe vornehmen lassen, und in Folge aller dieser Vorgänge waren die Bestände auf ausgedehnten Flächen so heruntergekommen, daß eine Ausheilung der Schäden durch die Natur allein ausgeschlossen erschien. Man darf den Forstwirten jener Zeit die Anerkennung nicht versagen, sie haben sich der Aufgabe, hier Ordnung zu schaffen, gewachsen gezeigt, eine Reihe guter und billiger Kulturverfahren, insbesondere für Kiefer und Fichte, wurde von ihnen ersonnen und erprobt. Aber gerade die Leichtigkeit, mit der sich so schöne Nadelholzjungwüchse erzielen ließen, verleitete manchen, diese auch dort anzubauen, wo der alte Laubholzbestand noch sehr wohl auf natürlichem Wege hätte verjüngt werden können. Andererseits führte die seit der Mitte des 18. Jahrhunderts immer intensiver geübte Streunutzung in vielen Waldungen eine solche Bodenverschlechterung herbei, daß der Übergang zu dem genügsamen Nadelholz ratsam erschien. Ähnlich wirkten die Ent-

wässerungen auf den an den Wald grenzenden landwirtschaftlichen
Gelände, die Geradlegungen und Kanalisationen unserer Flüsse
und Bäche. So nützlich diese Unternehmuugen unbestreitbar
gewesen sind, den einen Nachteil haben sie doch gehabt, daß
der Grundwasserspiegel sank, der Boden auch im Walde trockener
wurde, ja oft zu trocken für die Laubhölzer. Nicht zu übersehen
ist auch, daß die Rodungen des letzten Jahrhunderts natürlich
vorwiegend den besten Boden, die Standorte der Eiche, der
Esche, des Ahorns, dem Walde genommen haben, während das
ihm wieder heimfallende Gelände überwiegend geringer Güte ist.

Dies alles hätte aber nicht ausgereicht, einen so voll=
kommenen Umschwung herbeizuführen und dem Nadelholz die
Vorherrschaft zu verschaffen. Das bewirkte vielmehr erst das
Sinken der Brennholzpreise in Folge der gesteigerten Stein=
kohlenförderung und der geänderten Verkehrsverhältnisse; der
Anbau der Nadelhölzer, die überdies ja auch meist höhere
Masseenerträge liefern, wurde rentabler als die Buchennachzucht,
von der vorwiegend nur Brennholz zu erwarten ist. Besonders
die Fichte ist von diesem Streben nach den höchsten Holz= und
Gelderträgen begünstigt worden. Das Vordringen des Nadel=
holzes auf Kosten der Laubhölzer dauert noch an, 1883 ge=
hörten ihm 65,5, 1900 67,5% der Waldfläche, und da wir
zur Zeit noch zum guten Teil die Bestände abnutzen, die vor
100 Jahren geschaffen wurden, in denen die Buche vielfach
überwiegt, wird es auch noch weiter gehen, es sei denn, daß
eine Änderung unserer Wirtschaftsweise eintritt.

Ist nun eine solche erwünscht oder gar nötig? Gewiß
darf man nicht bestreiten, daß das Streben, möglichst hohe
Reinerträge aus dem Walde zu erlangen, durchaus berechtigt
ist, und somit auch die Begünstigung der Nadelhölzer. Aber
sie ist meines Erachtens doch manchmal zu weit gegangen, ge=
rade die Fichte ist auch in Klimate und auf Böden gebracht
worden, wo sie zwar in der Jugend ein rasches, vielversprechen=
des Wachstum zeigte, aber weder wertvolle Stämme ergab,
noch ein hohes Alter zu erreichen vermochte, sondern vorzeitig
der Rotfäule erlag, einer durch Pilze hervorgerufenen Krankheit,
die auch das Holz zerstört, so daß es höchstens noch als gering=
wertiges Brennholz verwendet werden kann. Aber auch sonst
blieben Rückschläge nicht aus. Die ausgedehnten reinen gleich=
altrigen Nadelholzbestände unterlagen Beschädigungen durch

Schnee, Wind, Insekten und andere Ursachen, wie sie der frühere ungleichaltrige Laubholzwald und der gemischte Wald nie gekannt haben, durch die aber der aus der Umwandlung erhoffte Gewinn vielfach in sein Gegenteil verwandelt wurde. So warf ein Sturm am 29. März 1892 in den Vogesen 430000 cbm Holz hin, die Stämme lagen wirr durcheinander, viele waren gebrochen und zersplittert, so daß ihr Wert beträchtlich vermindert war. Mit der Ausdehnung der Kahlhiebe und der reinen Kiefernwälder wuchsen proportional die Beschädigungen durch den Engerling, der gar manche Kultur zwei- und mehrmal völlig zerstörte, in den Kiefernstangenhölzern bei Nürnberg vernichtete die Raupe eines Spanners (Fidonia piniaria) 1892—96 12000 Hektar, in den Altholzbeständen dieses Baumes tritt von Zeit zu Zeit die Raupe eines anderen Schmetterlings des Kieferspinners (Gastropacha pini) in solchen Mengen auf, daß erhebliche Geldmittel aufgewendet werden müssen, um die Bäume durch das Anlegen von Teerringen zu schützen. Der Ausfall, welchen das Auftreten des Kiefernbaumschwammes in den preußischen Staatsforsten verursacht, wird von Möller auf mehr als 1 Million Mk. jährlich veranschlagt, ein anderer Pilz wieder (Hysterium pinastri) ruft eine Erkrankung der jungen Kiefern hervor, die schon große Kulturen vernichtet oder doch zu längerem Kränkeln gebracht hat. Auch der Laie hat wohl schon vom Borkenkäfer gehört, dessen gefürchtetste Art (Tomicus typographus) 1872—76 in Bayern und Böhmen 5000000 cbm Fichtenholz zum Absterben brachte, und noch manchem wird erinnerlich sein, wie die Nonne (Liparis monacha) 1889—92 in Massen die Fichtenwaldungen der Schwäbisch-Bayerischen Hochebene heimsuchte, so daß mehr als 6000 Hektar kahl geschlagen werden mußten. Diese Beispiele mögen genügen, um die dem reinen Nadelholzwald drohenden Gefahren zu kennzeichnen. Nur darauf sei noch hingewiesen, daß die neueren Forschungen es wahrscheinlich gemacht haben, daß unter den reinen Beständen die Bodenkraft infolge ungünstiger Humusbildungen viel leichter zurückgeht als unter gemischten.

Diese Übelstände sind unseren Forstwirten auch keineswegs verborgen geblieben, und schon seit 50 Jahren wird von Praktikern wie Theoretikern die Forderung „zurück zum gemischten Wald" immer wieder erhoben. Von ihm versprechen

wir uns nicht nur, daß er einen größeren Schutz gegen Insekten
und Pilze gewähre, denn viele derselben sind an einzelne oder
wenige Holzarten gebunden, es kann daher im gemischten Wald
nicht so leicht zu einer Massenvermehrung kommen wie im
reinen. Wir haben vielmehr weiter auch die Erfahrung ge=
macht, daß die Bäume im gemischten Wald gesünder und daher
widerstandskräftiger bleiben. Das findet zum Teil seine Er=
klärung darin, daß der Boden nirgends vollkommen gleichartig
ist, daß er bald mehr der einen, bald mehr der anderen Holzart
entspricht und im gemischten Walde die Möglichkeit gegeben ist,
an jede Stelle die geeignetste Art zu bringen. Zum Teil be=
ruht es aber auch offenbar auf der besseren Bodenpflege, die
hier, wie wir sahen, herrscht. Daß unter älteren Lichtholz=
beständen der Boden sich mit Unkräutern überzieht und ver=
magert, ist schon lange bekannt, und die Beimischung von
Schatthölzern oder die Unterpflanzung mit solchen in dem Zeit=
punkt, in dem die Lichthölzer sich zu räumig zu stellen beginnen,
ist zur Abhilfe angewendet worden. Aber die Bestandesmischung,
insbesondere die Einbringung von Laubholz in den Nadelwald,
wirkt offenbar auch sonst noch günstig auf den Boden ein. So
sehen wir, daß die gemischten Bestände vielfach höhere Massen
liefern als die reinen, selbst wenn man einer Holzart eine
andere beimengt, die an und für sich geringere Holzquantitäten
erzeugt, weil eben der Bestand gesünder bleibt und nicht vor
der Zeit durchlöchert wird. Auch die Wertserzeugung ist meist
eine größere, weil die Bestände ein höheres Alter erreichen
können und der Anbau von solchen Holzarten möglich ist, welche
größere Anforderungen an den Boden stellen, als dieser im
allgemeinen und auf ausgedehnteren Flächen zu befriedigen
vermag.

Wenn trotzdem die Statistik uns zeigt, daß das Laubholz
auch in den letzten Jahrzehnten noch fortgesetzt an Gebiet ver=
loren hat, so läßt sich das wohl nur so erklären, daß man
sich vielfach damit begnügt hat, die Nadelhölzer nur unter sich
zu mischen, und daß zwar bei der Verjüngung alter Laub=
waldungen darauf hingearbeitet wird, dem Laubholz eine aus=
reichende Vertretung im künftigen Bestande zu sichern, nur
wenig aber dafür getan, es als gleichberechtigtes Glied in bis=
her reine Nadelholzbestände einzuführen. Und doch wird auch
dieser Schritt noch geschehen müssen, einmal um den genannten

Gefahren wirksam begegnen zu können, sodann um die Produktion hochwertigerer Hölzer zu ermöglichen, als sie der reine gleichaltrige Nadelwald zu liefern vermag. Das aber muß das Ziel der deutschen Forstverwaltungen sein. Denn der Konkurrenz des Auslandes, das uns bereits heute mit großen Massen schwacher Hölzer zu billigen Preisen überschwemmt, werden wir nur die Spitze bieten können, wenn wir uns der Qualitätsproduktion zuwenden. Dieser, und zwar unter Verwendung möglichst vieler Holzarten, gebührt auch darum der Vorzug, weil bei den langen Zeiträumen, die in der Waldwirtschaft zwischen Saat und Ernte verstreichen, heute kein Mensch sagen kann, wie die Absatzverhältnisse sich gestaltet haben werden, wenn die heute begründeten Bestände zum Hiebe kommen. In der zweiten Hälfte des 19. Jahrhunderts haben wir gesehen, wie durch die Konkurrenz der mineralischen Kohle die Brennholzpreise sanken und der früher so hoch geschätzte Buchenwald entwertet wurde, in seinem letzten Drittel vollzog sich eine ähnliche Entwicklung mit der Eichenrinde, die Existenz des Eichenschälwaldes — noch 1876 der einträglichsten Waldform —, ist heute in Frage gestellt, ja in vielen Teilen Deutschlands eine verlorene. Wer will da die Bürgschaft übernehmen, daß in 100 Jahren die schwachen und mittelstarken Nadelhölzer noch ebenso gesucht sind wie heute, daß nicht auch ihr Verwendungsgebiet durch die Fortschritte der Technik in ähnlicher Weise eingeengt werden wird wie jetzt das der Buche, und daß nicht neue Erfindungen anderen Holzarten einen größeren Wert verleihen werden. Wer aber Qualitätshölzer in vielen verschiedenen Arten erzieht, wird voraussichtlich immer guten Absatz haben.

Es muß also der gemischte Wald noch viel mehr das künftige Wirtschaftsziel bilden als bisher. Doch möchte ich, um Mißverständnisse zu verhüten, folgendes hervorheben. Die Begünstigung von Kiefer und Fichte war zum Teil notwendig, zum Teil wegen ihrer vielseitigen Verwendbarkeit berechtigt. So ist ihre und der anderen Nadelhölzer Einbringung in reine Buchenwälder auch durchaus zu billigen. Aber es sollte eben auch umgekehrt mehr für die Einführung von Laubholz in Nadelwälder geschehen. Die reinen Bestände sind indessen nicht absolut zu verwerfen, sie können angezeigt sein auf geringen Böden wie in Höhenlagen, die eben nur noch einer Holzart zusagen, und weiter — aber freilich viel seltener — auf einem guten Standort, der infolge seiner besonderen Eigenschaften das Gedeihen einer wertvollen Holzart in hervorragendem Maße sicher stellt. Im übrigen werden sie besser vermieden, vor allem erscheint es nicht ratsam, eine Holzart außerhalb ihres natürlichen Verbreitungsgebietes auf großen Flächen im reinen Bestande anzubauen. Denn die Untersuchungen von Mayr haben uns gelehrt, daß jede Holzart um so weniger widerstands= fähig wird, je weiter wir sie von dem Gebiet wegbringen, in dem sie das Optimum der natürlichen Wuchsbedingungen findet, d. h. ihrer Heimat.

Das mahnt uns auch zur Vorsicht bei dem Anbau fremder Holzarten. Die hierauf gerichteten Bestrebungen reichen, wenn wir auch die Lärche als solche betrachten, was für den größten Teil Deutschlands zutrifft, bereits bis ins Jahr 1585 zurück. Damals ließ der badische Amtmann zu Emmendingen sich aus Tirol Lärchensamen kommen. Ähnliche Versuche sind in den folgenden Jahrhunderten noch an verschiedenen Orten gemacht worden, da gerade das Holz dieses Baumes zum Ersatz des Eichenholzes besonders geeignet ist. Daß die Verbreitung der Lärche um 1700 trotzdem nicht wesentlich über ihr natürliches Auftreten in den Alpen und Sudeten fortgeschritten war, beweist die Tatsache, daß man in Hannover zwei aus Holland be= zogene Exemplare in den Orangeriehäusern zog, weil man sie für die Libanonzeder hielt. Seit 1750 ist die Lärche dann in ganz Deutschland vielfach angebaut worden, aber die Erfolge waren im ganzen nur mäßig. Zwar besitzen wir in den ver= schiedensten Gegenden einzelne sehr schöne Bestände, die zum Teil noch aus dem 18. Jahrhundert stammen, aber in den meisten Fällen trat nach einem raschen Jugendwachstum ein vorzeitiger Tod infolge von Beschädigungen durch Insekten und Pilze ein. Auch die Einbürgerung amerikanischer Holzarten ist bereits in der zweiten Hälfte des 18. Jahrhunderts versucht worden. Besondere Verdienste hat sich hierbei ein hessischer Offizier, Freiherr v. Wangenheim, erworben, der mit den von seinem Kurfürsten den Engländern vermieteten Truppen nach Nordamerika gekommen war und diese Gelegenheit zu forst= botanischen Studien benutzte. Das Ergebnis der damaligen Bemühungen war, daß die Weymouthskiefer (Abb. 3) und die falsche Akazie Bürgerrecht im deutschen Wald erworben haben und in ziemlich erheblichem Umfange angebaut werden, und daß amerikanische Eschen und Eichen sowie die kanadische Pappel hier und dort mit Erfolg kultiviert worden sind. Viel größer freilich ist die Zahl der Arten, die seitdem in unseren Parken verwendet wird.

Einen neuen Aufschwung nahmen diese Bestrebungen seit 1870 infolge der lebhaften Agitation, die der Pflanzschulbesitzer Booth in Klein-Flottbeck für sie entfaltete. Nachdem es ihm gelungen war, das Interesse des Fürsten Bismarck zu gewinnen, hat auf Anregung der preußischen Regierung im Jahr 1880 der Verein deutscher forstlicher Versuchsanstalten die planmäßige Anstellung und die fortdauernde Überwachung von Anbauversuchen mit amerikanischen und japanischen Holzarten in sein Pro-

Abb. 8. Horst. 160 jährige Weymouthskiefern im Hagenschieß bei Pforzheim.

gramm aufgenommen, die dann auch in allen deutschen Staaten ausgeführt wurden. In Preußen betrug 1895 die mit fremden Holzarten bebaute Fläche bereits 600 Hektar. Ein Urteil darüber, welche wirklich für unsere Forstwirtschaft

wertvoll sind, kann freilich erst in einer späteren Zukunft ge=
fällt werden. Denn das Gedeihen in den Jugendjahren gibt
keinen brauchbaren Maßstab, gar oft folgt ihm längeres Kränkeln
im Stangenholzalter und ein Absterben, bevor brauchbare
Stärken erzielt worden sind. Wir müssen aber doch auch weiter
noch verlangen, daß eine fremde Holzart auf dem gleichen
Standort höhere Werte erzeuge als die einheimischen, wenn
wir sie als anbauwürdig bezeichnen sollen. Darüber fehlen uns
aber noch fast alle Erfahrungen. Denn es ist unzulässig, die
Anbauwürdigkeit einer Holzart beurteilen zu wollen nach der
Holzgüte, wie sie Stücke zeigen, die den amerikanischen oder
japanischen Urwäldern entstammen. Das dort in langen Zeit=
räumen gewachsene Holz ist durch seinen gleichmäßigen fein=
ringigen Bau dem Erzeugnis unserer Kulturforsten immer über=
legen, auch in Amerika ist das nachwachsende Material
(second growth) viel weniger wertvoll als die Stämme des
Urwaldes. Und weiter gilt auch für die Holzgüte die Er=
fahrung, daß sie um so geringer wird, je weiter vom Optimum
der natürlichen Wuchsbedingungen ein Baum erwächst, ob aber
für jene fremden Arten bei uns ein Optimum sich finden läßt,
muß jedenfalls erst noch erwiesen werden.

Was sich heute bereits sagen läßt, ist nur, daß eine kleine
Anzahl von Arten möglicherweise dauernd von Wert für uns
sein werden, während andere sich als unbrauchbar erwiesen
haben, bei vielen das Urteil noch ganz unsicher ist. In die
erste Klasse gehört die Douglastanne (Pseudotsuga Douglasii),
die Sitkafichte (Picea sitchensis), die Chamaecyparis Lawsoniana
und die Thuja Menziesii, die schon erwä nte kanadische Pappel
(Populus canadensis), die mit 40—50 Jahren Stämme von
drei und mehr Kubikmetern liefert (Abb. 4), die amerikanische
Esche, und für frostfreie Lagen der mildesten Gebiete Deutsch=
lands auch die Schwarznuß (Iuglans nigra). Wohl mögen bei
Fortsetzung der Versuche noch einige andere Arten sich ihnen
anreihen lassen, aber schwerlich werden es viele sein. Haben
doch z. B. alle amerikanischen Eichen keine nennenswerten Vor=
züge vor unseren aufzuweisen, denn wenn sie auch etwas anspruchs=
loser sind, so erreichen sie dafür diese bei weitem nicht hinsichtlich
der Holzgüte. Und so wird all diesen Fremdlingen immer nur
ein bescheidener Platz im deutschen Walde einzuräumen sein,
die einheimischen werden ihn nach wie vor in der Hauptsache

Abb. 4. 50jährige kanadische Pappeln aus den Rheinwaldungen
bei Karlsruhe.

zu bilden haben. Sie genügen auch, um die Aufgabe zu lösen,
die unserer Waldwirtschaft gestellt ist, auf dem ihr zugewiesenen
Boden die höchsten Werte zu erzielen, ohne seine zukünftige
Leistungsfähigkeit zu schmälern.

III. Kapitel.

Die Waldformen.

Wichtigste Literatur. Außer den im 1. und 2. Kapitel genannten Werken: Bernhard, Geschichte des Waldeigentums. Schwappach, Handbuch der Forstgeschichte.

Ein großer Teil der Anziehungskraft des Waldes liegt in dem Wechsel seiner Erscheinungsformen, die auch unabhängig von den verschiedenen Holzarten auftreten und einen mächtigen Einfluß auf das Landschaftsbild ausüben. Auch der Laie unterscheidet Hoch- und Niederwald, und wer etwas weiter in deutschen Landen herumgekommen ist, weiß, wie mannigfaltige Bilder unsere Hochwaldungen darbieten. Tatsächlich arbeitet unsere Forstwirtschaft mit einer ganzen Anzahl von Waldformen. Wir sahen, daß die Fortpflanzung unserer Bäume auf zwei Arten möglich ist, entweder durch den Samen oder durch Ausschläge, die am Wurzelstock entstehen, wenn ein Laubholzstamm in nicht zu hohem Alter gehauen wird. Von beiden macht der Forstmann zum Zweck der Verjüngung — Nachzucht — des Waldes Gebrauch und unterscheidet darnach folgende „Betriebsarten": den Hochwald, den Niederwald und den Mittelwald. Die Bäume des Hochwaldes sind alle aus Samen hervorgegangen, es ist, wie der Forstwirt sagt, lauter Kernwuchs. Den Niederwald dagegen bilden Stockausschläge, nur wo diese Lücken aufweisen, werden Samenpflanzen gesetzt, die aber beim nächsten Abtrieb mitgehauen werden und nunmehr Stockausschläge liefern sollen. Im Mittelwald finden wir beides vereinigt. Die Stockausschläge bilden die Grundmasse des Bestandes, das Unterholz, zwischen ihnen stehen die Kernwüchse, die Oberhölzer, so genannt, weil sie das doppelte bis sechsfache Alter des Unterholzes erreichen, daher auch viel höher werden und mit ihren mächtigen Kronen einen Schirm über jenem bilden. Je älter das Unterholz wird, umsomehr wächst es in den Kronenraum der Oberhölzer hinein, der Unterschied gegenüber dem Hochwald verschwindet immer mehr, und nur die verschiedene Stärke der Stämme und die Art, wie die Unterhölzer in Gruppen um den früheren Stock zusammenstehen, lassen den Kundigen sofort den Mittelwald erkennen. Wie sehr das

Abb. 5. Mittelwald mit jungem Unterholz.

Aussehen mit dem Alter des Unterholzes wechselt, zeigen die beiden Bilder (Abb 5 u. 6), die zwar nicht den gleichen aber doch gleichartige Bestände darstellen.

Nach der Verjüngungsweise ist erklärlich, daß im Nieder= wald nur Laubhölzer gezogen werden können; auch im Mittel= wald finden wir die Nadelhölzer selten und ausschließlich im Oberholz. Um so größer ist die Zahl der im Mittelwald ver= tretenen Laubhölzer, alle unsere Arten sind in ihm zu finden, ja viele heute in ihrem Vorkommen auf ihn und den Nieder= wald beschränkt. In dieser Reichhaltigkeit liegt ein Haupt= vorzug der Mittelwaldform, ein anderer darin, daß, weil die Unterholzhiebe alle 15—30 — selten einmal nur 35—40 — Jahre wiederkehren, wir jeden Oberholzstamm nutzen können, wenn er seinen höchsten Wert erreicht hat. Diese kurzen Um= laufszeiten der Hiebe — Umtriebe — im Mittel= und Nieder= wald ermöglichen schon auf kleinerer Fläche eine erfolgreichere Wirtschaft als die 60—120 jährigen des Hochwaldes, und sie bedingen auch einen geringeren Vorrat an Holz im Walde. So kommt es, daß beide Betriebsarten sich für den kleinen Besitz ganz besonders eignen. Dabei ist die Holzproduktion der Masse nach in beiden, im Mittelwald auch dem Werte nach, dann eine recht bedeutende, wenn ein genügend großer Vorrat an Oberholz aus den geeigneten Arten vorhanden ist. Hierzu empfehlen sich besonders Eiche, Esche, Erle, Ahorn, Pappeln, auch Birke und Baumweiden, da ihre lichte Krone die Ent= wicklung des Unterholzes wenig beeinträchtigt, sie selbst aber bei dem vollen Lichtgenuß, wie er den Oberhölzern des Mittel= waldes geboten wird, rascher als im Hochwald jene Durchmesser= stärken erreichen, welche bei ihnen zur Erzielung hoher Preise erforderlich sind. Auch das ist hervorzuheben, daß die Pflege des Bodens in beiden Waldformen meist eine recht günstige ist.

Daß ihr Anteil am deutschen Wald trotzdem nur ein kleiner ist, erklärt sich aus folgenden Ursachen. Der Niederwald liefert, wenn wir zunächst einmal von einigen Spezialformen ab= sehen, nur schwaches, wenig wertvolles Brennholz. Auch beim Mittelwalde ist der Anfall an diesem verhältnismäßig viel höher als im Hochwalde. Das drückt aber die Rentabilität beider sehr herab, zumal seitdem die Konkurrenz der mineralischen Kohle eine so große geworden ist. Günstiger sind die Erträge der Weidenheeger, die Flechtruten für die Korbwarenindustrie liefern,

Abb. 6. Mittelwald mit haubarem Unterholz.

aber sie können nur auf sehr fruchtbarem, feuchtem Boden an=
gelegt werden. Wo Rebbau getrieben wird, werfen Kastanien=
und Akazienniederwaldungen eine gute Rente ab, wie sehr die

der Eichenschälwaldungen gesunken ist, wurde schon früher er=
wähnt. Übrigens sind auch diese an nicht zu arme Böden und
ein mildes Klima gebunden. Ebenso bedarf der Mittelwald,
wenn große Massen= und hohe Gelderträge erzielt werden sollen,
einen kräftigen frischen Boden, macht also höhere Ansprüche als
der Hochwald. Für die Anzucht der Nadelhölzer kommt er fast
gar nicht und für die Buche heute kaum mehr in Betracht, da
diese nur wenig Stockausschlag liefert und wegen ihrer dichten,
großen Krone als Oberholz wenig geeignet ist, denn unter
ihrem Schirm vermag kein Unterholz aufzukommen.

Der Niederwald nimmt heute nur 6,8 % der deutschen
Waldfläche ein, davon ist fast die Hälfte Eichenschälwald; dem
Mittelwald fallen noch 5 % zu. Dem Hochwald mit seinen
verschiedenen Formen gehören also rund $^9/_{10}$ aller unserer
Forsten an, und sein Anteil wird aller Wahrscheinlichkeit nach
künftig noch größer sein.

Die Anfänge einer geordneten Waldwirtschaft reichen, wie
schon im vorigen Kapitel ausgeführt wurde, bis in die zweite
Hälfte des Mittelalters zurück, d. h. bis zu jener Zeit, zu der
infolge der fortgesetzten Rodungen einerseits und dem Anwachsen
der Bevölkerung andererseits die Deckung des Holzbedarfes in
einzelnen Gegenden schwieriger wurde. Ursprünglich hat gewiß
jeder sein Holz da gehauen, wo es ihm gefiel. Verfügte doch
z. B. das um 500 niedergeschriebene Recht der Burgunder, daß
der Waldeigentümer bei Strafe von 6 Schillingen den Hieb
von Brennholz jedem gestatten müsse, der keinen eigenen Wald
besitze.

Wenn dies im Bereich des schon zur Römerzeit hoch=
kultivierten und daher verhältnismäßig waldarmen Gallien ge=
schah, um wieviel mehr muß im eigentlichen Deutschland, wo
zudem der Wald meist genossenschaftliches Eigentum der
Stammesglieder war, Nutzungsfreiheit bestanden haben. Ein=
geschränkt wurde diese allerdings auch schon durch die Volks=
rechte zugunsten der Schweinezucht und Jagd, indem für den
Hieb fruchtbarer Bäume — Eiche, Buche und Wildobst — die
Zustimmung des Eigentümers gefordert wurde, und im Laufe
des Mittelalters sind diese Bestrebungen immer energischer ge=
worden, bis schließlich in manchen Gebieten der Landesherr das
Eigentum an diesen Bäumen beanspruchte, in vielen anderen
aber selbst der Eigentümer nur mit Erlaubnis der landes=

herrlichen Beamten zu ihrem Hiebe schreiten durfte. Für die Waldzustände im frühen Mittelalter war weiter noch der Umstand wichtig, daß wenigstens während des Sommers und Herbstes das Vieh im Walde geweidet und dadurch die Entwicklung der jungen Holzpflanzen vielfach gefährdet wurde. Daher dürften die der Feldmarkung am nächsten gelegenen Waldteile damals meist nur von weitständigen, breitkronigen alten Eichen und Buchen gebildet worden sein, unter denen sich ein spärlicher, stark verbissener Unterwuchs und Dorngesträppe fand. Gegen das Innere des Waldes zu stellten sich dann immer mehr Jungwüchse und Stangenholzgruppen der verschiedenen Arten ein, und zwar Kernwüchse und Stockausschläge, sie standen teils unter dem Schirm der Althölzer, teils schoben sie ihre Kronen in den Lücken empor, die durch den Aushieb oder das Zusammenbrechen einzelner alter Stämme entstanden waren. In diesen Teilen fanden die Holzhiebe hauptsächlich statt. Ausgedehntere Waldungen enthielten wohl auch noch einen Kern von Urwald, in den die Herden wegen der Entlegenheit selten kamen und der aus dem gleichen Grunde von Fällungen verschont blieb, höchstens daß einmal ein Köhler oder Aschenbrenner in ihm sein Gewerbe trieb. Die so entstandene Waldform nennt man heute ungeregelten Plänter- oder Femelwald, es war ein Mittelding zwischen Hoch- und Mittelwald. Auch in den Nadelholzgebieten müssen sich ähnliche Waldzustände ergeben haben, nur daß die Stockausschläge fehlten.

Diese Waldformen mochten genügen, solange die Bevölkerung klein war und die fortgesetzten Rodungen einen Teil des Holzbedarfes deckten; den wachsenden Ansprüchen nach Abschluß der letzteren gegenüber versagten sie, und so beginnen um jene Zeit sowohl die Klagen über schlechte Waldzustände als die Versuche zu ihrer Verbesserung. Einen wesentlichen Fortschritt bedeutete dabei das Verbot, die Waldungen zu beweiden, bevor die jungen Pflanzen dem Maule des Viehes entwachsen seien. Mit ihm war notwendig eine Konzentration der Holzhiebe, eine Regelung der Nutzung verbunden. Die Hiebe eines jeden Jahres mußten gemeinsam an einer Stelle vorgenommen werden, sonst hätte man entweder ganz auf die Waldweide verzichten müssen oder der Schutz gegen das Vieh hätte sich nicht durchführen lassen. Auch das Aneinanderreihen der Jahresschläge lag im Interesse der Weidewirtschaft, da

dieſer dann eine zuſammenhängende Fläche zur Nutzung über=
wieſen werden konnte. So war die Grundlage des regelrechten
Mittelwaldbetriebes gewonnen, mit deſſen Ausbildung die Wald=
ordnungen des 15. und 16. Jahrhunderts ſich hauptſächlich be=
faßt haben und der in den Laubholzgebieten bis gegen die
Mitte des 18. die herrſchende Waldform blieb.

Da aber bei dem Streben, möglichſt viele fruchtbare Bäume
als Oberholz ſtehen zu laſſen, die Deckung des Bauholzbedarfes,
zumal dieſer großen Schwankungen unterworfen war, auf
Schwierigkeiten ſtieß, ſchied man in vielen Gegenden beſondere
Bauwaldungen aus. Es waren Hochwälder, in denen Nutzungen
nur nach Einholung einer ſpeziellen Erlaubnis ſtattfinden durfte,
wie z. B. die folgende Stelle des Bönnigheimer Stadtrechtes
von 1452 erläutern mag: „Item sal man hegen zweihundert
morgen waldes, an den enden, da die welde allerwechselichst
sin, uff daz, ab unser stat ader burgere schaden an brande
nemen, da got fur si, ader sußt buweholtz zu ihrer notturfft
bedurffen werden, das man daz finden und haben möge.
solich holtz niemant hauwen sal ane laube eines buwemeisters,
eines schultheißen und der burgermeistere“. Den Hieb in
dieſen Bauwäldern regelte man ſo, daß immer ein größerer
Teil zur Nutzung für eine längere Periode beſtimmt wurde,
aus ihm holte man das in dieſer erforderliche Bauholz, und
zwar womöglich nicht alles an einem Fleck, ſondern ſtammweiſe
verteilt über die ganze Fläche, bis überall Jungwüchſe und
ſchwache Stämme überwogen. Dann legte man dieſen Teil in
Bann und öffnete einen anderen zur Nutzung. Das ſo ent=
ſtandene Wirtſchaftsverfahren nennt man gereselten Plänter=
oder Femelbetrieb, eine Bezeichnung, die vom Hanfbau über=
nommen wurde, wo das Ausziehen der für die Garngewinnung
ungeeigneten männlichen Pflanzen „femeln“ genannt wird.

Andererſeits ging man auch ſchon früh zum reinen Nieder=
waldbetrieb über, indem man auf Flächen, auf denen die frucht=
baren Bäume ſchlecht und abgängig geworden waren, alles zum
Einſchlag brachte und künftig auf die Oberholzzucht verzichtete,
ein Verfahren, das z. B. in der Rheinniederung bei Speyer
ſchon 1219 angewendet worden iſt. Auch das bayriſche Land=
recht von 1346 hat vielleicht Niederwaldwirtſchaft im Auge
gehabt, als es eine dreijährige Schlagruhe (Ausſetzen der Wald=
weide) vorſchrieb. Noch häufiger erklärt ſich übrigens die

Entstehung der Niederwaldform aus einer Verbindung zwischen Wald- und Feldwirtschaft, die in vielen unserer Gebirge lange üblich gewesen ist. Wo in diesen der zu dauernder landwirtschaftlicher Nutzung geeignete Boden nur selten ist, ergab sich mit steigender Bevölkerungsdichte die Notwendigkeit, regelmäßig auch solches Gelände zum Anbau mit heranzuziehen, das die Bestellung nur lohnt, solange der von einer vorhergehenden Waldgeneration stammende Humusvorrat noch nicht aufgezehrt ist. Das Versagen tritt je nach der Bodengüte nach der zweiten bis fünften Ernte ein, es kann durch kräftige Düngung hinausgeschoben, ja auf mineralisch nicht ganz armen Böden sogar verhindert werden, aber die damalige landwirtschaftliche Technik machte von diesem Mittel keinen Gebrauch. Es verfügte ja auch der Bauer infolge der Weidewirtschaft über wenig Dung, und dieser mußte in erster Linie den Gärten und Rebbergen zugewendet werden. Die ausgetragenen Äcker wurden ursprünglich sich selbst überlassen und ein neues Stück Wald gerodet, jene überzogen sich wieder mit Holzgewächsen, es entstand allmählich neuer Wald auf ihnen. Damit hatte dann auch meist der alte Bebauer sein Eigentumsrecht an dem Grundstück verwirkt, wie das alte Sprichwort sagt: „Reicht das Holz dem Ritter an Sporn, so hat der Bauer sein Recht verlorn". Da nun auch die Waldfläche nicht unbegrenzt war und schon die Bequemlichkeit die Bauern abhalten mußte, gar zu entfernte Gemarkungsteile mit in Bau zu nehmen, der ausgebaute Acker aber eine größere Zahl von Jahren Ruhe haben muß, um sich wieder mit Holz zu bestocken und einen neuen Humusvorrat anzusammeln, mußte sich ganz von selbst eine Reihenfolge herausbilden, in der die einzelnen Waldstücke wieder zum Fruchtbau herangezogen wurden. Gewiß haben in vielen Gegenden auch die Landesherren und Wildbanninhaber — die das alleinige Jagdrecht besaßen — einen bestimmenden Einfluß auf diese Entwicklung ausgeübt. Denn da sie meist von derartigen Rottstücken während der Nutzungsjahre eine ähnliche Abgabe erhoben, wie von dem dauernd dem Wald abgerungenen und regelmäßig bestellten Acker, so hatten sie das Interesse, daß der Ertrag dieses „Waldzinses" keinen zu großen Schwankungen unterlag, ein regelmäßiger Turnus erleichterte die Kontrolle über den richtigen Eingang der Abgabe und sicherte auch besser die Erhaltung des Waldes. Sobald man sich nämlich entschlossen hatte, nur ein= oder zweimal Fruchtbau zu treiben, dann aber den Boden wieder für längere Zeit dem Walde zu über= lassen, lohnte es sich natürlich nicht mehr, die Wurzelstöcke zu roden, vielmehr blieben diese im Boden und beschleunigten so die Wiederbewaldung. In den Bergen des Neckartals zwischen Mosbach und Heidelberg hat eine solche Betriebsform, hier Hackwald genannt, sicher schon am Ausgang des 13. Jahr= hunderts bestanden, der Fruchtertrag war damals für die Volks= ernährung so wichtig, daß er, nicht der Holzerwuchs den Wert der einzelnen Waldstücke bestimmte; und bis in das erste Drittel des 19. Jahrhunderts hinein hat wenigstens in den Buntsandsteinteilen des Odenwaldes der Hackwald eine große Verbreitung besessen.

Das Wirtschaftsverfahren war etwa folgendes: In dem zur Nutzung bestimmten Waldteil wurde im Winter das Holz gehauen, nur die Eichen blieben bis zum Mai stehen, um in der Saftzeit die Rinde besser schälen zu können, die den Gerbern zur Lohbereitung diente. Aus dem Holzertrag wurden die stärkeren Stücke ausgelesen, das schwächere Material aber, nach= dem es auf der Fläche verteilt und genügend abgetrocknet war, verbrannt, indem man es am unteren Ende des Schlages an= zündete und das Feuer dann über die ganze Fläche hin= laufen ließ. Das Brennen der Schläge war ein Fest für die Jugend, aber oft auch eine Gefahr für den Wald, da bei leb= haften Wind das Feuer trotz aller Gegenwehr in die benach= bartem Bestände hineinlief und diese vernichtete. Die Asche wurde dann durch Hacken mit dem Boden gemengt und nun im ersten Jahr Sommerroggen, im zweiten Heidekorn gesät. In den nächsten Jahren dienten die Schläge meist dem Vieh zur Weide, unter dessen Verbiß die Stockaus=schläge viel zu leiden hatten, aber schließlich kam doch wieder der Wald in die Höhe, freilich meist mit vielen Lücken und unter starker Ver= tretung geringwertiger Holzarten. Wenn diese Wirtschaftsweise vielfach die Waldverwüstung zur Folge hatte, wenn z. B. von den Hackwaldungen der Pfalz um 1800 ein Viertel nur mit Besenpfriemen bewachsenes Ödland war, so trug daran ledig= lich die schonungslose Beweidung Schuld. Wo diese aus= geschlossen blieb, bis die Ausschläge vom Vieh nicht mehr be= schädigt werden konnten, hat der zweimalige Fruchtbau keinen Nachteil gehabt, sondern durch die mit ihm verbundenen Boden=

lockerung sogar den Holzwuchs begünstigt. Daß der Betrieb heute fast ausgestorben ist, liegt an den gesunkenen Getreide=preisen, die die Arbeit nicht mehr genügend bezahlen. Ganz ähnliche Wirtschaftsverfahren waren die Reutberge des Schwarz=waldes, die Schiffelwälder der Moselgegend, die Hauberge des Siegener Landes.

In den Mittelwaldungen ergab sich vielfach eine Schwierig=keit dadurch, daß die vielen alten fruchtbaren Bäume mit dem dichten Schirm ihrer Kronen das Gedeihen des Unterholzes verhinderten und auch die Nachzucht von jungen Eichen zu künftigen Oberholzstämmen vereitelten. Klar spricht das die Forstordnung für die unterhalb des Fichtelgebirges gelegenen Teile der Burggrafschaft Nürnberg vom Jahre 1538 aus, in=dem sie sagt: „Item nachdem in den Schlägen viel Hegreißer und etlich Bäum aufgezogen werden, die doch nichts mehr nutz sind, allein die Schläg dämpfen und das junge Holz verderben“... Darum ordnet sie an, daß künftig nur noch zehn Hegereiser auf dem Morgen stehen bleiben und vor allem die alten Bäume mit tiefangesetzter Krone herausgehauen werden sollten. Die 1577 erschienene Neuburger Forstordnung strebte sogar einen regelmäßigen Ersatz der alten Oberhölzer durch junge Laßreitel an, sie schrieb vor, daß auf der Jauchert 3—4 große geschlachte Eich= und Buchbäume, weiter 5—6 gewachsene und mittelmäßige Zimmer= und Bauhölzer und endlich 6—8 Laßreiser überzuhalten seien, und begründete die Beibehaltung der letzteren mit den Worten: „damit wenn man im anderen Hau die alten Bäume angreifen wollte, man alsdann die jungen an die Statt hätte.“

So war eine geregelte Mittelwaldwirtschaft schon vor dem 30jährigen Kriege angebahnt und in ihr wurde nun auf die Nachzucht der Eiche besonderes Gewicht gelegt. Die Eichel=saaten, die wir bereits im vorigen Kapitel kennen lernten, sollten offenbar dazu dienen, heruntergekommene Waldteile wie=der in die Höhe zu bringen; erwähnt sei weiter, daß Kurfürst August von Sachsen (1553—86) sich persönlich um die Ver=breitung der Eiche bemüht hat, indem er auf seinen Spazier= und Jagdritten ein langes kupfernes Rohr mit sich führte, mit dem er vom Roß herab in den Boden stach und dann eine Eichel durch das Rohr in das Loch hinabgleiten ließ. Eichel=gärten, zur Anzucht junger Pflanzen, bestanden schon um 1500

an verschiedenen Orten, häufig waren alle Untertanen oder doch
die Empfänger von Bauholz verpflichtet, jährlich eine Anzahl
Eichen zu setzen, mit Dornen zu verwahren und zu pflegen, bis
sie angewachsen waren und von Vieh und Wild nicht mehr be=
schädigt werden konnten. Die Gründe für die häufigen Miß=
erfolge dieser Bemühungen schildert am Anfang des 17. Jahr=
hunderts ein badischer Forstmann zutreffend mit den Worten:
„Daß aber die jungen gesetzten Eichen selten geraten oder
uffwachsen, halt ich dafür dieses die Ursach sein, wie ich
dann bisweilen selbsten observieret, daß dieselben entweder
zuvor in besseren Boden oder Gelände, weder sie hernacher
gesetzet werden, gestanden haben, zum andern daß so man
dergleichen gemeine werk verrichtet, geschiet es gemeinlich
mit unfleiß dergestalt, daß im Ausgraben die Wurzeln gar
abgestümpflet oder an den stämmlin zu kurz gelassen, folgends
liederlich eingegraben, vil liederlicher aber vermacht und
hiemit vom vieh und den starken winden, so die stämmlein
im Boden bewegen, nit genugsamlich verwahret werden.“
Auch für die Kultur der anderen Laubhölzer geschah manches,
so sollten z. B. in vielen Gebieten auf den Gemeindeweiden,
an Bächen und Wegen Erlen, Weiden und Pappeln gepflanzt
werden, ausgedehnte Kulturen mit denselben wurden um 1580
bei Mannheim gemacht.

Wo man in den Nadelholzgebieten während dieser Periode
über die regellose Femelwirtschaft hinauskam, die natürlich auch
in manchen Laubwaldungen noch angewendet wurde, wählte
man entweder wie bei Nürnberg den kahlen Abtrieb mit folgen=
der Saat, oder man ließ ähnlich wie im Mittelwald einzelne
Stämme stehen, deren Samen dann einen neuen Wald be=
gründen sollte. Die Erfahrung, daß einzelstehende Samen=
bäume leicht vom Winde geworfen werden, führte weiter dazu,
sie in kleinen Horsten überzuhalten, oder schmale Schläge kahl
abzutreiben und ihre Besamung vom Nachbarbestand zu er=
warten, ein Verfahren, das heute als natürliche Saumschlag=
verjüngung bekannt und in Fichtenwaldungen gelegentlich noch
angewendet wird. Nehmen wir noch hinzu, daß auch Durch=
forstungen — d. h. Aushiebe der zurückbleibenden oder andere
in ihrer Entwicklung schädigenden Stämmchen aus Stangen=
und jungen Baumhölzern — in verschiedenen Gegenden üblich
waren, so dürfen wir die deutsche Forstwirtschaft am Ausgang

des 16. Jahrhunderts als eine recht fortgeschrittene bezeichnen, wir können vor allem feststellen, daß eine Reihe von Ansätzen zu einer guten Entwicklung vorhanden waren. Wohl möglich, daß wir in ihnen die gute Frucht der seit 1500 wiederholt ausgesprochenen Besorgnis zu sehen haben, daß bald ein Mangel an Holz eintreten würde, jedenfalls waren sie geeignet, eine solche Gefahr rasch zu beseitigen. Aber leider hat der 30jährige Krieg diese gedeihliche Entwicklung jäh unterbrochen, auch die deutsche Waldwirtschaft ist durch ihn weit zurückgeworfen worden.

Daß in den ersten Jahrzehnten nach dem Westfälischen Frieden die Waldungen fast ausschließlich als Einnahmequellen behandelt wurden, ist angesichts der finanziellen Erschöpfung Deutschlands nur ganz natürlich. Zwar haben gerade mit Rücksicht auf den Ertrag für die Staatskasse einzelne bedeutende Kameralisten jener Zeit den Wert einer guten Bewirtschaftung der landes= herrlichen Forsten betont, aber die Wirklichkeit hat vielerorts weder im Staats= noch im Gemeinde= oder Privatwald dieser Forderung entsprochen. Der Handel mit starken Hölzern nach Holland, der damals emporblühte und große Summen abwarf, führte nur gar zu häufig zu einer Waldverwüstung, weil diese wertvollen schweren Stämme ausgehauen wurden, ohne danach zu fragen, wieviel sie vom umgebenden Bestande bei ihrem Sturze zerschmetterten und ob eine Nachzucht möglich war oder nicht. Die vom Staate betriebenen Bergwerke und Salinen verschlangen große Holzmassen, die ihnen ohne Rücksicht auf den Waldzustand geliefert werden mußten, waren doch vielfach die Leiter dieser Betriebe gleichzeitig mit der Aufsicht über die be= nachbarten Staatsforsten betraut. Sie haben leider häufig aus= gedehnte Kahlhiebe führen lassen, um die Holzversorgung zu erleichtern und einen möglichst hohen Überschuß zu erzielen, für die Aufforstung dieser Blößen jedoch nichts getan. Gewiß sind ähnliche Dinge auch schon in früheren Zeiten vorgekommen, sie nahmen nur jetzt einen größeren Umfang an. Weiter hat die gesteigerte Jagdlust der fürstlichen Kreise, insbesondere das Auf= kommen der von Frankreich übernommenen großen Hetz= und Prunkjagden, bei denen Hunderte von Hirschen und Sauen in wenigen Stunden zur Strecke gebracht werden sollten, den deutschen Wäldern erheblichen Schaden gebracht. Denn um diese Jagdergebnisse zu erzielen, mußte eine ungeheuere Wild= menge gehegt werden, niemals sind unsere Wildbahnen so über=

setzt gewesen als zwischen 1680 und 1800. Darunter litt die Landwirtschaft im höchsten Grade — berichtete doch z. B. 1710 der Neckargemünder Stadtrat seiner Regierung, es seien verschiedene Bürger da, die da wünschten, „daß man ihnen von ihren eigentümlichen Gütern etwas abnehme, damit selbige ihnen nur aus dem Schatzungskapital und den Beschwerden kämen, weilen sie wegen des überhand genommenen Wildprets nichts mehr darauf bauen könnten, sondern schon viele Jahre wüst und oede liegen lassen müßten“ und 1777 erklärte sogar die pfälzische Regierung dem Kurfürsten, eine energische Bestrafung der Wilderer sei unmöglich, solange die Untertanen keinen besseren Schutz gegen das überhandnehmende Wild und keinen Ersatz für den Schaden erhielten; nicht weniger litt der Wald, da die jungen Pflanzen infolge der fortgesetzten Beschädigungen durch den Wildverbiß nicht hochkommen konnten. Die hohen Jagdbeamten aber, denen in den meisten Staaten um 1700 noch die Leitung der Forstverwaltung übertragen war, hatten nur selten ein Verständnis für die Bedürfnisse der Waldwirtschaft, den meisten war der Wald in erster Linie ein Tummelplatz des Wildes. Auch mit den forstlichen Kenntnissen der unteren Beamten, der Revierjäger und Förster, war es in der Regel traurig bestellt. Wie die ihnen gewährte kärgliche Besoldung schwächere Naturen zu allerlei Unterschleif zum Schaden des Waldes verleitete, schildert ein Schriftsteller des 18. Jahrhunderts mit den drastischen Worten: „Ihre besten Künste aber sind die, wie sie von ihren Forsten bei ihrer geringen Besoldung gut leben können. Die großen Herren sind allemal selbst Schuld daran, wenn sie ungetreue Leute haben, sie sollten ihnen hinlängliche Besoldung geben, so dürfften sie nicht zu unerlaubten Mitteln greifen, wozu sie bloß die Not zwinget, denn Hunger tut weh. (Brocke, Widerlegung usw., zitiert nach Schwappach, Forstgeschichte, p. 518.) Nehmen wir noch die Schäden einer übertriebenen Waldweide und die Verheerungen der Kriege hinzu, so ist leicht verständlich, daß die Waldzustände in Deutschland um 1730 vielerorts sehr unerfreulich waren. In einer Reihe der deutschen Gebiete haben diese ungünstigen Verhältnisse bis zum Ende des 18. Jahrhundert angedauert, und dort dann begründete Besorgnisse vor dem Eintreten einer Holznot hervorgerufen, zumal ja für den Holzhandel und die Ver-

ſorgung waldarmer Gegenden damals nur Forſten in Frage
kommen konnten, die an floßbaren Gewäſſern lagen, denn der
Transport auf der Achſe verſagte bei den ſchlechten Straßen=
zuſtänden wegen der Koſten ſchon bei Entfernungen von 3—4
Stunden.

In anderen Teilen Deutſchlands begann der Umſchwung
zum Beſſeren bereits im erſten oder zweiten Drittel des 18. Jahr=
hunderts. Er wurde vielfach eingeleitet durch den Übergang
der Forſtverwaltung von den Oberjägermeiſterämtern an die
Finanzkammern. Denn wenn die in dieſen maßgebenden Kame=
raliſten auch immer in erſter Linie auf eine möglichſte Steige=
rung des gegenwärtigen Geldertrages bedacht waren, ſo haben
ſie doch geſorgt für Ordnung im Betriebe und Sicherung der
ſpäteren Erträge und ſich weiter manche Verdienſte um die
Ausbildung der forſtlichen Theorie erworben. Zu gleicher Zeit
trat eine Anzahl tüchtiger Forſtmänner auf, die nicht nur
die ihnen anvertrauten Forſten in die Höhe brachten, ſondern
auch in Lehrzirkeln und ſogenannten Meiſterſchulen eine neue
Generation von Forſtwirten ausbildeten und endlich zum Teil
eine große literariſche Tätigkeit entfalteten. Der erſte be=
deutendere dieſer Männer war der Oberjägermeiſter v. Langen,
geſtorben 1776 zu Jägersburg bei Kopenhagen; den größten
Einfluß aber übten am Ausgang des 18. Jahrhunderts Georg
Ludwig Hartig und Heinrich von Cotta; ihrem großen Ver=
ſtändnis für die Bedürfniſſe der forſtlichen Praxis, ihrem Lehr=
talent und ihren theoretiſchen Arbeiten iſt in erſter Linie der
große Aufſchwung zu danken, den die deutſche Waldwirtſchaft
ſeit 1800 nahm.

Wenden wir uns nun wieder der Entwicklung der Wald=
formen zu. Der Mittelwald wog, wie wir früher ſahen, um
1700 in den Laubholzgebieten weit vor, aber es ſcheint, daß
jene Verſuche, einen regelmäßigen Erſatz des Oberholzes und
ein beſſeres Gedeihen des Unterholzes zu ſichern, in Vergeſſen=
heit geraten waren und man in erſter Linie nur auf Erhaltung
möglichſt vieler fruchtbarer Bäume bedacht war. Als Folge er=
gab ſich dann wieder ein Verſagen des Unterholzes. Dem ab=
zuhelfen, näherte man ſich in einzelnen Gegenden mehr dem
Niederwald, man ließ nur noch wenige und nur ſchwache
Stangen ſtehen, erhöhte dafür aber den Umtrieb auf 60, ja 80
Jahre, um eben auch aus den Stockausſchlägen ſtärkeres Brennholz

gewinnen zu können. Andererseits aber entwickelte sich aus Mittelwald- und Femelwirtschaft im Laufe des 18. Jahrhunderts eine neue Waldform, Schirmschlag (auch Dunkelschlagmethode und Femelschlagbetrieb genannt). Sie gewann dann bald eine ausgedehnte Verbreitung und blieb bis über die Mitte des 19. Jahrhunderts die herrschende Form des Laubwaldes.

Das Wesen dieser Methode läßt sich so beschreiben. Der zu verjüngende Bestand wird durch die Vorbereitungshiebe über seine ganze Fläche hin gleichmäßig so weit gelichtet, daß eine energische Zersetzung der den Boden deckenden Laubmassen, aber doch kein starker Gras- oder Unkrautwuchs herbeigeführt wird, wodurch sich dann weiter auch eine Anregung der Samenproduktion ergibt. Ist die Besamung eingetreten, so wird der Schirm des Altbestandes durch die Herausnahme eines Teils der Stämme so weit gelockert, daß das Gedeihen des Jungwuchses für einige Jahre sicher gestellt ist. Der Rest der alten Bäume wird dann, entsprechend dem steigenden Bedürfnis der jungen Pflanzen nach größerem Genuß von Licht, Luft und Regen, mit einer Reihe von Lichtungshieben immer weiter vermindert und endlich, wenn jene den Schutz ganz entbehren können, mit dem „Räumungsschlag" völlig beseitigt. Im Prinzip soll die Besamung der ganzen Fläche in einem Samenjahr erfolgen, auch Lichtungen und Räumung sich gleichmäßig durch den ganzen Bestand hin vollziehen, so daß ein einheitlicher, gleichaltriger junger Wald entsteht. In der Praxis gelingt das freilich nicht immer, vielmehr müssen häufig mehrere Samenjahre benützt werden, aber doch sind die auftretenden Altersunterschiede so gering, daß sie bis zum 25. oder 30. Jahr meist verschwunden sind. Die Verjüngung dauert je nach dem Klima 10—25 Jahre. Erwähnt sei noch, daß an Stelle der natürlichen Verjüngung durch den Samen der alten Stämme auch die Saat oder Pflanzung unter dem Schirm des Altholzes treten kann, z. B. dann, wenn eine neue Holzart eingeführt werden soll.

Die Schirmschlagform ist zur Verjüngung der Buche auf guten und mittleren Böden sehr geeignet, sie gibt dort volle wüchsige Jungbestände und eignet sich für diese Holzart viel mehr als Mittel- und Niederwald. (Abb. 7.) Da nun, wie auch schon einmal hervorgehoben wurde, um 1800 die Erzeugung von Brennholz im Buchenwalde die wichtigste Aufgabe der Forst-

Abb. 7. Alter aus Schirmschlagverjüngung hervorgegangener Buchenbestand.

wirtschaft zu sein schien, ist die rasche Verbreitung dieses Ver=
fahrens leicht verständlich. Auf Grund der Autorität von
G. L. Hartig sah man damals in der Schirmschlagform sogar

ein Universalmittel zur Verbesserung der Waldbestände, auch
alle anderen Holzarten sollten nach dieser Methode verjüngt
werden. Damit aber begannen die Schwierigkeiten. Eiche und
Kiefer verlangen auf den meisten Böden frühzeitig den vollen
Lichtgenuß, die Lichtungen und Räumungen können aber in
wenigen Jahren nicht ohne große Beschädigungen der Jungwüchse durchgeführt werden. Bei der Fichte warf der Sturm
nur zu oft vorzeitig die Samenbäume und vereitelte so die
Verjüngung. Die Weißtanne läßt sich — wie auch die Abb. 8
zeigt — nach diesem Verfahren verjüngen, aber auch bei ihr
hat dasselbe zu vielen Mißerfolgen geführt. Auf geringen
oder durch Streunutzung heruntergekommenen Böden versagte
auch die Buchenverjüngung in der Schirmschlagform, und fehlerhafte Schlagstellungen riefen auf besseren nicht selten einen
mächtigen Unkrautwuchs hervor, der die Besamung vereitelte.
In all diesen Fällen blieb schließlich keine Wahl, als den Bestand kahl abzutreiben und zur Saat oder Pflanzung zu
schreiten. Und nachdem für diese im ersten Drittel des
19. Jahrhunderts eine Anzahl von brauchbaren Methoden gefunden und erprobt worden waren, gab man im Nadelwalde
die natürliche Verjüngung vielerorts ganz auf, führte auch dort
Kahlhiebe, wo jene noch Erfolg gehabt hätte. Infolge des
Umschwunges, den das Sinken der Buchenholzpreise zugunsten
des Nadelholzes herbeiführte, verfiel dann auch mancher gute
Buchenwald diesem Schicksal, behufs schnellerer Umwandlung
in Fichten und Kiefern. So ist die große Verbreitung zu erklären, welche die Kahlschlagform seit 1830 gewonnen hat, ein
Wirtschaftsverfahren, das allerdings den Vorzug großer Ein-
fachheit hat, auch von einem weniger sorgfältig ausgebildeten
Personal gehandhabt werden kann, und bei der Holzfällung
nicht die Sorgfalt erfordert wie die natürliche Verjüngung, wo,
sobald die jungen Pflanzen erschienen sind, die Stämme so ge-
fällt werden müssen, daß sie beim Sturz die gewünschte Richtung einhalten und möglichst geringen Schaden verursachen.
Aber diese Vorteile müssen mit großen Opfern erkauft werden.
Zunächst einmal erfordert die künstliche Kultur beträchtliche
Kosten — im Durchschnitt müssen heute mindestens 100 Mark
für das Hektar gerechnet werden —, während die Naturbesamung
sich kostenlos vollzieht. Ein indirekter Ausfall entsteht dann
dadurch, daß auf den Massen- und Wertzuwachs verzichtet

Abb. 8. Schirmschlagverjüngung der Edeltanne (im Schnee).

werden muß, welcher in jener an den im vollsten Lichtgenuß
stehenden Samenbäumen erfolgt, während sich doch gleichzeitig
schon unter ihnen der Jungwuchs entwickelt, und den in den
ersten Jahren oft unentbehrlichen Schutz gegen den Forst findet.
Daß durch diesen die Anzucht empfindlicherer Holzarten sogar
ganz ausgeschlossen werden kann, ist ein weiterer Nachteil der
Kahlschlagform. Schlimmer noch ist, daß mit der Bloßlegung
des Bodens die regelmäßige Umbildung der abgefallenen Blätter
und Nadeln in Humus und weiter aus Humus in Dammerde
unterbrochen wird. Die Bodenzustände werden infolge davon
für den Pflanzenwuchs ungünstiger und erst, wenn der junge
Bestand sich geschlossen hat und die ganze Fläche beschirmt,
treten wieder bessere Verhältnisse ein. Wie vom Engerling
haben die Kulturen auf der kahlen Fläche auch vom Rüssel-
käfer und einer Reihe anderer Insekten in besonders hohem
Grade zu leiden, die Notwendigkeit zu Nachbesserungen tritt
hier häufiger ein und vermehrt ebenfalls die Produktionskosten.

Kahlschlag- und Schirmschlagform wiegen auch heute noch im deutschen Walde vor, aber es gibt doch eine mächtige Strömung innerhalb der modernen Forstwirtschaft, die an ihre Stelle wenigstens in vielen Fällen andere Verfahren setzen möchte. Denn aus jenen beiden gehen gleichaltrige Bestände hervor, die in viel höherem Grade als ungleichaltrige den Beschädigungen durch Schnee, Wind, Insekten und Pilze ausgesetzt sind. Die gleichaltrigen Bestände sind eben meist auch reine Bestände. Mag zur Zeit der Bestandes-gründung auch eine Mehrzahl von Holzarten vorhanden sein, wenn Boden und Klima nicht allen annähernd gleichmäßig zusagen, gewinnt doch bald die eine den Vorsprung, sie überwächst die andern, und nur zu häufig leiden diese dann so sehr unter dem Drucke (d. h. vor allem dem Lichtentzug), daß sie ganz verschwinden oder doch bis der Mensch ihnen bei den Durchforstungen nachhaltig zu helfen vermag, ihre Entwicklungsfähigkeit eingebüßt haben. Das Fehlen der Weißtanne in Gebieten, wo sie früher in Mischung mit Fichten und Buchen die Waldungen bildete, beruht, soweit es nicht beabsichtigt war, zum größten Teil auf diesem Umstand, zum kleineren auf den Beschädigungen durch Frost, denen sie in der Kahlschlagform ausgesetzt ist. Und wenn der Laubwald vieler Gegenden Deutschlands heute fast nur aus Buchen besteht, wenn Esche, Ahorn und Linde so selten geworden sind, wenn selbst die Eiche aus vielen Waldungen fast ganz verschwunden ist, in denen sie nach den Waldbeschreibungen des 18. Jahrhunderts häufig war, so ist auch das wieder eine Folge des gleichaltrigen Wuchses der in der Schirmschlagform erzogenen Bestände. Gerade die Mischung von Eiche und Buche ist schon um 1800 als ein erstrebenswertes Ziel erkannt worden, und tatsächlich ergänzen sich beide Holzarten in vielen Beziehungen vortrefflich, insbesondere darum, weil die Eiche ein hohes Alter braucht, um den höchsten Wert zu erreichen, sich aber schon frühzeitig licht stellt und den Boden vermagern läßt, die Buche aber bis zum höchsten Alter gute Bodenzustände erhalten kann. So ist es sicher, daß vor 100 Jahren bei der Verjüngung aus Buchen und Eichen gemischter Waldungen wieder auf solche hingearbeitet wurde, aber unter dem dichten Schirm, der zum Gedeihen der Buche erforderlich war, vermochten die jungen Eichen sich nicht zu erhalten, und auch wo ihnen rechtzeitig Luft gemacht worden

Abb. 9. Kiefernüberhaltbetrieb.

war, wurden sie von den Buchengerten überwachsen, sie erstickten oder konnten doch nicht eine genügende Krone bilden und verfielen daher bei den ersten Durchforstungen der Axt. Nur wo kräftiger Boden und mildes Klima die Eiche ganz besonders begünstigt, ist sie in der gleichaltrigen Mischung mit der Buche erhalten geblieben. Auch die Einbringung in kleinen Gruppen vermag nur dann bei gleichaltriger Mischung die langsamer=wüchsige Holzart zu sichern, wenn die Unterschiede in der Entwicklung nicht groß sind, macht man die Gruppen aber sehr groß, so gehen die Hauptvorteile der Mischung verloren.

Ein weiteres Bedenken gegen die gleichaltrigen Bestände gründet sich auf die ungünstigen Bodenzustände, die in ihnen bei höherem Alter so oft auftreten. Es gilt das nicht nur von den Lichtholzarten, die sich dann meist so räumig stellen, daß Gras und Kräuter und, was noch schlimmer ist, Heide und Heidelbeere sich unter ihnen ansiedeln und den Boden mit einem dichten Filze überziehen, sondern auch von den Schatthölzern. Bei ihnen rückt im gleichaltrigen Wuchs die Krone mit dem Alter immer weiter in die Höhe, so daß Wind und Sonne vom Rande her bis weit ins Innere des Bestandes bringen können und oft genug eine Vermagerung der oberen Bodenschichten verursachen. Diese erschwert dann nicht nur die Verjüngung, sondern wirkt auch auf den alten Bestand un=günstig, so daß sein Zuwachs sinkt. Sollen diese Mißstände nicht zu groß werden, so darf der Umtrieb nicht mehr als 80 bis 100 Jahre betragen, d. h. es kann zwar Holz von mitt=lerer Stärke in großen Massen erzeugt werden, nicht aber das wertvollere Starkholz. So bleibt also auch bei der gleichen Holz=art die Wertsproduktion im gleichaltrigen Bestande hinter jener im ungleichaltrigen zurück.

Ein früher viel empfohlenes Auskunftsmittel war der Überhalt, d. h. man ließ beim Abtrieb des Bestandes eine An=zahl der schönsten Stämme stehen, damit sie einen zweiten Um=trieb mitmachen und an dessen Ende Starkholz liefern könnten (vergl. Abb. 9). Aber unter ihrem Schirm kommen in der Regel keine Bäume auf, und was schlimmer ist, sie selbst halten häufig den zweiten Umtrieb nicht aus. Müssen sie dann aber gehauen werden, wenn der junge Bestand schon eine Höhe von 3 Metern oder mehr erreicht hat, so geht es meist nicht ohne schlimme Beschädigungen in diesem ab, und vielfach muß der Stamm des Überhälters in kurze Abschnitte womöglich gar zu Brennholz zerschnitten werden, um ihn an die Abfuhrwege schaffen zu können. Dadurch aber wird er entwertet, und der

Abb. 10. Eichenüberhälter (der rechts mit Wasserreisern).

Erlös aus dem Holz ist manchmal sogar geringer, als wenn der Stamm beim Ende des ersten Umtriebes sofort gehauen worden wäre. Bei der Eiche, für die der Überhalt wegen des viel höheren Wertes starker Stämme ganz besonders wichtig werden könnte, wirkt auch der Umstand noch nachteilig, daß, wenn sie rasch freigestellt wird, sich am Schaft unter der Krone zahlreiche neue Äste — Wasserreiser, Klebäste — bilden. Diese vermindern nicht nur den Wert des Stammes, weil das nunmehr noch gebildete Holz ästiger, rauher und schwer bearbeitbar wird, sondern sie gefährden auch sein Leben, indem sie der Krone das Wasser wegnehmen und diese zum Absterben bringen. Nur wenn ein Baum schon vor dem Hieb seiner Nachbarn eine große Krone besaß, unterbleibt die Wasserreisbildung und dann tritt im Überhalt ein erhöhter Zuwachs ein. (Vgl. Abb. 10). Wegen all der Gefahren läßt man heute Überhälter meist nur längs der Wege stehen, wo sie jederzeit genützt werden können.

Da die Nachteile der Gleichaltrigkeit um so größer sind, je umfangreichere Flächen die Bestände gleichen Alters einnehmen, hat man durch Verkleinerung der Hiebsfläche, durch Verteilung der Jahresschläge auf mehrere Stellen Abhilfe zu schaffen gesucht. Diesem Bestreben verdankt die Saumschlagform ihre heutige Verbreitung. Die einzelnen Schläge werden nur zweimal so breit gemacht, als der alte Bestand hoch ist, daher kann dieser wenigstens einigen Schutz gegen Wind, Hitze und Frost geben; die Verjüngung auf den schmalen Schlägen kann durch Besamung von Seitenbestand, durch Saat oder Pflanzung, ja auch in der Schirmschlagform geschehen. Die günstigen Wirkungen dieser Methode können noch gesteigert werden, indem man die Schläge der einzelnen Jahre nicht aneinander reiht, sondern immer einige Jahre verstreichen läßt, ehe man mit dem Hieb an die gleiche Stelle wiederkehrt, aber eine völlige Beseitigung der Mißstände, welche der gleichaltrige Wuchs mit sich bringt, läßt sich auch so nicht so erreichen.

Diese kann nur die Rückkehr zu ungleichaltrigen Beständen bringen, wie sie ja auch die Natur im Urwalde schafft. Hier ist nicht nur die Erhaltung des Mischwuchses durch die Altersunterschiede gesichert, das ungleichmäßige Kronendach schützt auch gegen Beschädigungen durch Schnee, der sich auf ihm nicht in großen Massen auflagern kann, es gewöhnt ferner die Bäume von jung auf an die Angriffe des Windes und läßt sie so standfester werden, der Wechsel von Alt- und Jungholz endlich schützt den Boden besser gegen Sonne und Wind.

Solche Waldformen sind der geregelte Femelwald und Femelschlagwald, die schon seit langen Zeiten wenigstens in einzelnen Gebieten, z. B. dem Schwarzwald, bestanden haben. Daß ihnen heute eine größere Beachtung geschenkt wird, ist das Verdienst von Gayer, der seit mehr als einem Menschenalter auf die Notwendigkeit hingewiesen hat, zu naturgemäßeren Wirtschaftsformen zurückzukehren.

Im Femelwald sind die verschiedenen Altersstufen überall in bunter Mischung vertreten. Unter den mehr einzelstehenden alten Stämmen (vgl. Abb. 11), finden wir den Jungwuchs vom Keimpflänzchen bis zum über mannshohen Vorwuchs, dazwischen stehen Stangen und schwache Bäume in kleinen Horsten und Gruppen. Die Hiebe durchlaufen den ganzen Wald in Perioden

Abb. 11. Femelbestand.

von fünf bis zehn Jahren, sie nehmen vor allem etwa schad=
haft gewordene Hölzer, dann jene Stämme, die den höch=
sten Wert bereits erreicht haben, sie greifen weiter aber auch
in die Stangenholzgruppen ein, lockern deren Schluß und regen
sie so zu stärkerem Zuwachs an. Diese Eingriffe geben im
allgemeinen den Jungwüchsen genügend Licht zur weiteren Ent=
wickelung, es ist aber durchaus nicht ausgeschlossen, daß auch
zu ihren Gunsten einmal Stämme gehauen werden. Die Stärke
der Hiebe und die Häufigkeit ihrer Wiederkehr an jede ein=
zelne Stelle kann sich ganz nach dem Bedürfnis der einzelnen
Holzart und den Verschiedenheiten des Standortes richten. Die
Verjüngung geschieht durch den Samen der Althölzer, nur wo
eine Holzart fehlt oder zu schwach vertreten ist, muß die Kunst
nachhelfen. Die Bodenzustände sind, da fast überall Jungwuchs
vorhanden, meist günstig; der Zuwachs ist in der Jugend nur
gering, steigt aber mit der freieren Stellung rasch an und ist
im ganzen dem des gleichaltrigen Waldes mindestens gleich, oft
aber überlegen. Die Wertserzeugung ist eine große, weil Hölzer
in allen Stärken erzogen werden und jeder Baum, wie gesagt,
im Zeitpunkt seines höchsten Wertes gehauen werden kann.
Schwierigkeiten können für die Nachzucht von Lichthölzern ent=
stehen, hier muß dann allenfalls die Kunst nachhelfen. Einer
weiteren Verbreitung steht vor allem entgegen, daß der Femel=
wald viel größere Anforderungen an den Wirtschaftsleiter stellt
als jede andere Waldform. Denn er muß die Auswahl jedes
zu fällenden Stammes selbst treffen und kann auch darum nur
ein kleineres Revier als beim Kahlschlagbetrieb verwalten, weil
ihm sonst die Übersicht über den Gang der Wirtschaft verloren
geht. Endlich muß ein gut eingearbeitetes Holzhauerpersonal
vorhanden sein, damit bei den Fällungen der Jungwuchs nicht
zu sehr beschädigt wird.

Der erste Grund ist auch bestimmend dafür, daß im Groß=
betrieb die Femelschlagform vor der Femelform bevorzugt wird.
Wir dürfen sie auffassen als eine vervollkommnete Art jenes
Verjüngungsverfahrens, das wir im Mittelalter in den Bau=
waldungen angewendet sahen. Die einzelnen Bestände eines
Waldes werden in Perioden von 30—50 Jahren verjüngt, es
liegt also immer ein erheblicher Teil des Waldes in Ver=
jüngung, auf dem größeren Teil der Fläche aber finden nur
Durchforstungen statt. Die Wirtschaft ist daher viel übersicht=

Abb. 12. Femelschlagverjüngung eines Fichtenwaldes.

licher als beim Femelwald. Im Gegensatz zur Schirmschlag=
form geht die Verjüngung nicht gleichmäßig durch den ganzen
Bestand hin, sondern sie beginnt an einzelnen Punkten, etwa
Lücken, die von Natur entstanden waren. Diese werden durch
den Aushieb einiger Stämme so weit vergrößert, daß eine Be=
samung eintreten kann. Ist erst eine Jungwuchsgruppe auf
der Lücke entstanden — auch die Vorwuchshorste, die sich vor
dem Beginn der Verjüngung eingefunden haben, werden be=
nutzt —, so lichtet man um sie wieder durch die Hinwegnahme
einiger Bäume etwas auf. Dadurch wird ein Emporwachsen
der Gruppe und gleichzeitig die Besamung der Umgebung er=
möglicht. (Abb. 12 zeigt dieses Stadium in einem Fichten=
bestand, Abb. 13 eine etwas weiter gediehene Verjüngung in
Tannen und Fichten.) Weiter schafft man Raum zur Ent=
stehung neuer Horste durch den Auszug einzelner starker Stämme,
der Rest des Bestandes aber bleibt vorläufig geschlossen. Nach

einigen Jahren werden die Gruppen wieder umlichtet, wenn nötig weitere geschaffen und dies Verfahren fortgesetzt, bis der alte Bestand allmählich verschwunden ist. Die einzelnen Jung= wuchshorste reichen dann zusammen, zeigen aber einen beträcht= lichen Altersunterschied; während die älteren schon Stangenhölzer sind, haben die jüngsten noch kaum die Höhe von einem Meter erreicht. Auch hier wird je nach Holzart und Standort die Verjüngung des einzelnen Horstes bald rascher, bald langsamer geleitet und die Kultur benützt, um andere Holzarten ein= zubringen oder Stellen aufzuforsten, wo ein Erfolg der natür= lichen Verjüngung unsicher erscheint. Dieser zweite Fall kommt aber nur verhältnismäßig selten vor, denn im allgemeinen ist die Bodenpflege in dieser Waldform gut. Der langsame Gang der Verjüngung im ganzen erlaubt es, die schlechten Stämme zuerst zu hauen, jene aber, die noch einer Wertssteigerung fähig sind, länger stehen zu lassen. Die lichtere Stellung, in die sie dabei allmählich gelangen, führt eine erhebliche Stei= gerung des Zuwachses herbei. So sind Massen= und Werts= erzeugung günstig. Mehr Arbeit als der Kahlschlag bringt natürlich auch dieses Verfahren mit sich, und ebenso verlangt es tüchtige Holzhauer, aber der Erfolg lohnt die größere Mühewaltung reichlich. Auf geringem Boden, wo die jungen Pflanzen gegen den Lichtentzug empfindlicher sind und Beschä= digungen schwerer ausheilen, ferner dort, wo die Samen= erzeugung eine spärliche ist, ist die Durchführung der Femel= schlagverjüngung allerdings erschwert, und darin dürfen wir wohl mit Weise den Grund sehen, daß im Norden Deutschlands die Femelschlagform sich noch weniger eingebürgert hat als im Süden. Doch kann diesen Schwierigkeiten durch eine raschere Freistellung der einzelnen Horste und ausgiebigere Benutzung von Saat und Pflanzung begegnet werden, ohne daß das Wesen und damit die Vorteile dieser Waldform verloren gingen.

Wenn so für die Zukunft die Rückkehr zu ungleich= altrigen Waldformen — sei es nun Femelschlag oder Femel= wald — gefordert wird, so soll damit doch keineswegs gesagt sein, daß nicht auch Kahl= und Schirmschlagverjüngung in be= stimmten Fällen werden immer Anwendung finden müssen und daher eine ziemlich große Verbreitung behalten werden. Das gleiche gilt von Mittel= und Niederwald; auch sie sind für ein= zelne Standorte die geeignetsten Wirtschaftsarten und sollen

Abb. 13. Femelschlagverjüngung. (Im Hintergrund der noch geschlossene Bestand.)

dort fortbestehen. Denn während vor 100 Jahren Hartig und
seine Zeitgenossen glaubten, für die Waldbehandlung General=
regeln aufstellen zu können, hat sich heute die Erkenntnis Bahn

gebrochen, daß Individualisierung nach Holzart und Standort auch im einzelnen nötig ist. In ihr liegt aber auch einerseits die Bürgschaft für die Erhaltung der verschiedenen Waldformen, andererseits führt sie uns ganz von selbst mehr zum ungleich=altrigen Wald zurück.

IV. Kapitel.

Die geschichtliche Entwicklung des Wald-eigentums.

Literatur wie zu Kapitel III.

In den ältesten Zeiten kannten die Germanen überhaupt kein privates Grundeigentum, der ganze Boden des Landes war gemeinsamer Besitz aller Volksglieder. Mit der Gründung fester Niederlassungen trat eine Änderung ein, das Stammes=gebiet zerfiel in Gaue und innerhalb dieser wieder der be=siedelte Teil einschließlich des zur Weide dienenden Geländes in Marken, d. h. in Bezirke, deren Eigentum die Gesamtheit der in ihnen wohnenden Bürger beanspruchte. Die gebräuch=lichste Bezeichnung dieser Verbände ist Markgenossenschaft. Auch nachdem Äcker und Wiesen schon lang in das Privateigentum der einzelnen übergegangen waren, blieb der Gemeinbesitz von Weide, Wald, Moor und Wasser bestehen, sie bildeten die ge=meine Mark. In ihr war jeder Markgenosse zur Jagd und Fischerei, zur Weide und Holznutzung berechtigt, sie diente zur Erweiterung der Feldflur durch Rodungen, wenn das Anwachsen der Bevölkerung solche erheischte. Auch der Markgenosse, welcher schon seinen Teil an der Feldmark, die Hufe, besaß, war be=rechtigt, Rodungen in der gemeinen Mark vorzunehmen, wobei er die Grenzen des von ihm gewählten Grundstücks durch Ein=schneiden seines Handzeichens in die Grenzbäume zu bezeichnen hatte. Ursprünglich mußte die Rodung eines solchen „Bifangs" binnen einer bestimmten Frist vollendet sein, sonst fiel er ebenso wie aufgelassene Äcker wieder der Mark heim. Später aber haben die großen Besitzer, die allein in der Lage waren, einen ausgiebigen Gebrauch vom Bifangrechte zu machen, da nur sie über die erforderlichen Arbeitskräfte verfügten, durchgesetzt, daß jene Fristen nicht eingehalten werden mußten, sie eigneten sich eine Waldreserve für späteren Bedarf zu. Auf diese Weise entstand der erste Privatwald auf deutschem Boden.

Zwischen den Marken lagen noch nach der Völkerwanderung ausgedehnte, unbesiedelte und von niemanden beanspruchte Waldungen, sie waren daher Gemeinbesitz des ganzen Stammes, die Landesallmende. Die einzelnen Marken waren gegen sie häufig gar nicht, sondern nur untereinander abgegrenzt. Solche Landesallmenden waren einmal die inneren Teile unserer Waldgebirge, zweitens aber auch die noch geschlossenen Waldmassen im Flachlande. Da die Marken eine germanische Institution sind, fehlten sie natürlich in den damals von Slawen besetzten Teilen Deutschlands östlich der Elbe.

Die Landesallmende beanspruchten schon die ersten fränkischen Könige als Reichsgut für sich, hauptsächlich um sich das ausschließliche Jagdrecht in ihnen zu sichern, dann aber auch, um sich Einnahmen dadurch zu verschaffen, daß sie Rodungen in diesen Forsten nur noch gegen Abgaben gestatteten. Zum Schutz des alleinigen Jagdrechtes wurden diese Waldungen in Bann gelegt und daher dann auch Bannforsten genannt. Aus ihnen entstanden die Reichswaldungen des späteren Mittelalters, sie sind durch Schenkung, Belehnung, Verpfändung, Tausch und Kauf meist in die Hände weltlicher und geistlicher Fürsten gekommen und bilden so den Kern unseres heutigen Staatswaldbesitzes. Obwohl dieser Vorgang schon unter den Merowingern begonnen hat, war im eigentlichen Deutschland noch zur Zeit der Ottonen ein umfangreicher Besitz an Reichswaldungen vorhanden, hier haben besonders Heinrich II., Heinrich IV und Karl IV. den Besitz des Reiches vergabt. Es ist unmöglich, hier die Geschichte auch nur der wichtigsten Reichsforsten zu verfolgen, doch mögen zur Erläuterung der ganzen Vorgänge die Schicksale einiger betrachtet sein.

Die Hardtwaldungen, die sich auf dem rechten Rheinufer zwischen der Einmündung der Murg und jener des Neckars hinziehen, sind ebenso wie ihre nördliche Fortsetzung bis in die Gegend von Darmstadt zum größten Teil Reichsgut gewesen. Ein Stück derselben, zwischen Bruchsal und St. Leon gelegen, bildet die Lußhardt, die heute noch etwa 6000 Hektar umfaßt. Diesen Reichswald nebst dem Hof Bruchsal gab Heinrich II. dem Grafen Otto aus dem Geschlechte der Salier gegen dessen

Burg in Worms, um durch diese wieder die Stimme des Wormser Bischofs für die Königswahl zu erkaufen. Kaiser Heinrich III. verlieh Bruchsal und die Lußhardt dem Bistum Speyer, sein Sohn Heinrich IV. soll die Schenkung dann noch um die nördlich angrenzende Schwetzinger Hardt und ausgedehnte Besitzungen auf dem linken Rheinufer vermehrt haben, die aber jedenfalls nur kurze Zeit beim Bistum verblieben. Die Schwetzinger Hardt war vielmehr später Besitz der Pfälzer Kurfürsten, während die Lußhardt dem Speyerer Bischof gehörte. 1802 fielen dann beide an Baden.

Berühmt sind die Nürnberger Reichswaldungen, der Sebalder und Laurenzer Forst. Den ersteren verlieh Kaiser Heinrich der Fromme 1002 dem Bistum Bamberg, behielt sich aber die Oberforstmeisterstelle nebst den daraus fließenden Einkünften und den Wildbann, d. h. die hohe Jagd, vor. Diese Rechte gab Rudolf von Habsburg dem Grafen Friedrich von Hohenzollern, von dessen Nachkommen sie dann 1427 die Stadt Nürnberg erwarb, die auch den Bamberger Bischof abgefunden haben muß, da sie schon von Kaiser Sigismund als alleinige Eigentümerin anerkannt wurde. Der Laurenzer Forst ist aus dem Besitz des Reiches in den der Hohenstaufen übergegangen und fiel bei Konradins Tode jenem heim. Dieser hatte indessen das Oberforstmeisteramt nebst Einkünften dem Konrad Stromer von Nürnberg, das niedere Forstamt, mit dem ebenfalls Rechte verbunden waren, einer Familie Koler verliehen. Schon 1293 verfügte König Adolf, die Erträge dieses Forstes sollten der Stadt Nürnberg zukommen, infolge davon übertrug ihr Ludwig der Bayer die Aufsicht über die Bewirtschaftung, und Karl IV. erlaubte ihr zu diesem Zwecke zwei Waldbereiter anzustellen. Nachdem dann die Stadt 1372 das niedere, 1396 das obere Forstmeisteramt um 10 000 Goldgulden erworben hatte, blieb sie im alleinigen Besitz der beiden Forsten bis zur Einverleibung in Bayern 1806. Da beanspruchte der Staat das Eigentum an den Forsten, mußte aber den Bürgern ausgedehnte Nutzungsrechte zugestehen, die heute noch eine schwere Last für die Waldungen bilden.

Der Frankfurter Stadtwald ist ein Teil eines ausgedehnten königlichen Bannforstes, des Dreieich, der nach den Untersuchungen von Fellner erst in der Karolingerzeit aus drei kleineren königlichen Jagdgebieten gebildet worden ist. Nach einem Weistum

vom Jahre 1338 erstreckte sich der Dreieich damals vom Rhein
zwischen Mainz und Stockstadt im Westen zum Main von
Obernau bis Rumpenheim im Osten, die Südgrenze folgte dem
Modaubach bis Eberstadt und lief dann über Hering, Groß=
Umstadt und Großostheim zum Main, die Nordgrenze bildete
eine Linie von Rumpenheim über Bischofsheim nach Vilbel an
der Nidda, dann diese bis zu ihrer Mündung in den Main
und darauf der Fluß bis Mainz. Im Bereich dieses Wild=
banns lagen nicht nur Waldungen, sondern auch ausgedehnte
Felder, was übrigens auch sonst vielfach vorkam. Das Amt
eines Wildbannvogtes kam früh in den erblichen Besitz der
Familie v. Hagen. Nach deren Aussterben teilten sich sechs
Geschlechter in das Erbe, zu dem ein großer Teil der früher
königlichen Güter und Wälder des Dreieich gehörte. Ein Sechstel
fiel den Grafen von Hanau zu und gehört daher heute dem
preußischen Staate als Rechtsnachfolger der hessischen Kurfürsten,
die anderen fünf erwarben von den Miterben die Herren von
Ysenburg. Von diesen ist der Anteil der Linie Ysenburg Bir=
stein mit 3842 Hektar 1900 von dem hessischen Staate
um 7½ Millionen Mark erworben worden. Zu Beginn des
14. Jahrhunderts waren vom ganzen Dreieich nur noch der Königs=
forst bei Frankfurt, die Grafschaft Bornheim und das Frank=
furter Reichsschultheißenamt im Besitz des Reiches. Während
die Grafschaft Bornheim 1434 durch Verpfändung an die
Grafen von Hanau kam, erwarben diese auf dem gleichen
Wege schon 1351 den Königsforst und das Reichsschultheißen=
amt. Nun lag aber der damalige Graf Ulrich mit den Frank=
furtern fast ständig im Streit, so daß diesen seine Stellung
als Schultheiß und Besitzer des nächsten Waldes, auf den sie
zur Befriedigung ihrer Holzbedürfnisse angewiesen waren, be=
greiflicherweise sehr lästig fiel. Daher erwirkte sich einer der
Bürger, Siegfried zum Paradies, 1363 beim Kaiser das Recht
zur Einlösung des Pfandes und machte 1366 davon Gebrauch.
Von ihm kaufte nach dem Tode des Grafen Ulrich die Stadt
1370 die Pfandrechte und schließlich 1372 von Karl IV. gegen
die Bezahlung von 8000 Gulden das volle Eigentum.

Über den Umfang der alten Königsforsten mag die folgende
Aufzählung der wichtigsten, noch nicht erwähnten, einige An=
haltspunkte geben. Die Vogesen waren ein Bannforst der
Merowinger, der aber wohl auch nur die inneren Teile um=

faßte, nach Norden folgte der Pfälzerwald, der Kaiserslauterer Reichswald, der Hagenauer Forst und der Bienwald südlich Speyer, Hunsrück, Soonwald, der Kondelwald an der Mosel, der Bopparder Königswald, der Landsberger Forst bei Köln, der Aachener Bannforst, weiter sind zu nennen der größte Teil des Harzes, der Reinhardswald, Zanderhart und Wiesecker Wald in der Wetterau, der Büdinger Wald, Spessart, der südliche Odenwald, der Wallenberg bei Wimpfen, erhebliche Teile des Schwarzwaldes, der Mooswald in der Rheinebene bei Freiburg, der Schönbuch, Ravensburger Wald, Öttinger Forst, Steigerwald, Frankenwald, der Reichsforst bei Weißenburg am Sand, der Salzforst bei Neustadt an der Saale, der Bayrische Wald, die Salzburger Bannforste und überhaupt ein großer Teil der Wälder in den bayrischen Alpen.

Die Ansiedlungen, welche später einen großen Teil dieser Forsten verdrängt haben und ihren Zusammenhang unterbrachen, gingen nicht aus von den Gemeinden, sondern vom Grundeigentümer. Das gleiche gilt von der Besiedlung des den Slawen wieder abgenommenen Gebietes im Osten der Elbe. Daher kam es hier in der Regel gar nicht zur Bildung von Markgenossenschaften, sondern der Grundherr räumte seinen Hintersassen Nutzungsrechte in seinem Walde ein. Wenn er aber auch der neuen Gemeinde einen Wald überließ, so behielt er sich meist bestimmte Rechte vor, etwa die Jagd, die Mastnutzung, die fruchtbaren Bäume, vor allem das Obereigentum, und wenn sich auf Grundlage einer solchen Überweisung eine Markgenossenschaft bildete, war es eben eine grundherrliche, nicht eine freie, sie war in ihren Rechten dieser gegenüber von vornherein sehr eingeschränkt. Aber auch viele der ursprünglich freien Marken sind im Laufe der Zeit zu grundherrlichen herabgesunken. Denn auch in ihrem Gebiete haben schon die fränkischen Könige sich reservierte Jagdgebiete — Wildbänne — geschaffen, die dann ebenfalls an weltliche und geistliche Große vergeben worden sind. Die Inhaber eines solchen Wildbannes beanspruchten nicht nur das alleinige Recht zur Ausübung der hohen Jagd, sondern auch die Befugnis, Rodungen und alle der Jagd und der Wildhege nachteiligen Handlungen zu untersagen, woraus allmählich ein allgemeines Aufsichtsrecht über die betreffenden Waldungen und schließlich vielfach ein Obereigentum hervorgegangen ist. Wie weit diese Bannlegungen im

Laufe der Zeit ausgedehnt wurden, zeigt die von Lamprecht mit=
geteilte Tatsache, daß um 1025 in der Moselgegend ein Viertel
der ganzen Landesfläche in Wildbännen lag. Aber auch dort,
wo es nicht zur Schaffung von Bannforsten kam, ging das
Obereigentum am Markwald doch häufig an einzelne Herren=
geschlechter über. Die wirtschaftliche Ungleichheit, die bereits
nach der Völkerwanderung unter den Markgenossen bestand, hat
infolge des schon erwähnten Rodungsrechtes des einzelnen eine
Verstärkung erfahren, der Begüterte, der über zahlreiche Hinter=
sassen gebot, erwarb so großen Grundbesitz und damit wirt=
schaftliche Macht, während die kleinen Freien ihre Lage nicht
verbesserten, vielmehr häufig zu Hintersassen ihres glücklicheren
Genossen herabsanken. Bei Kirchen und Klöstern wurde der
gleiche Vorgang noch gefördert durch die frommen Stiftungen,
die schon früh einen großen Umfang angenommen hatten. Die
größere Macht dieser „Grundherren" vermehrte auch ihren Ein=
fluß bei der Entscheidung über gemeinsame Angelegenheiten.
War früher der Vorstand der Markgenossenschaft, der Ober=
märker, frei gewählt worden, so fiel diese Stelle nun dem
Grundherren zu, er vertrat die Gesamtheit nach außen, er er=
hielt ein Aufsichtsrecht, das dem Obereigentum im wesentlichen
schon gleichkam, denn gegen seinen Willen konnte nichts ge=
macht werden. Die Gefahr, daß daraus wahres Eigentum
werde, lag nahe; daß auch die Märker sie erkannten, zeigt die
Sorgfalt, mit der wenigstens in der Blütezeit der Mark=
genossenschaften die Befugnisse des Herrn und der Genossen in
den Weistümern festgestellt wurden. Da jedoch die Obermärker
häufig gleichzeitig die Gerichtsherren oder gar Landesfürsten
des Gebietes waren, kam zu ihrer wirtschaftlichen auch noch die
politische Macht hinzu, und so waren schon um 1300 die
meisten freien Marken zu grundherrlichen geworden. Doch brauchte
mit dieser Änderung der Rechtsverhältnisse zunächst keine Ver=
schlechterung der wirtschaftlichen Lage der bäuerlichen Märker
verbunden zu sein, vielmehr blieben sie meist in ihren alten
Bezügen, und gerade das hat den Übergang wesentlich erleichtert.
Verhängnisvoll aber ist diese Verschiebung für den Bestand der
Marken in der Zeit geworden, da das römische Recht an die
Stelle des deutschen getreten war. Denn da jenes keine der
Markgenossenschaft entsprechende Institution kennt, faßten die
Juristen das Rechtsverhältnis meist so auf, als ob Eigentümer

allein der Obermärker, die Markgenossen aber lediglich Nutzungs=
berechtigte seien, deren Rechte vielfach noch gar nur als auf
Vergünstigung beruhend und daher widerruflich angesehen wur=
den. Damit war eine juristische Grundlage gegeben, das Eigen=
tum an den Marken für die Obermärker zu beanspruchen, ja
sogar die Nutzungsrechte der Markgenossen zu beschränken. Man
darf aber durchaus nicht annehmen, daß Landesherren und
Obermärkern sowie ihren Rechtsgelehrten die tatsächlichen Eigen=
tumsverhältnisse bekannt gewesen seien, sie haben meist wohl
im besten Glauben an ihr gutes Recht Ansprüche erhoben und
verfochten. Diese Unklarheit über den Besitzstand ist darauf
zurückzuführen, daß, solange eine Waldnutzung noch keinen
großen Wert besaß, in der Regel auch keine Veranlassung ge=
geben war, die Rechtsverhältnisse genau festzustellen. Es ist
gewiß kein Zufall, daß in der gleichen Zeit, in der das Holz
zum erstenmal einen größeren Wert erlangt hat, auch die Nach=
richten über Streitigkeiten um das Waldeigentum häufiger wer=
den und die Aufteilung der Markwaldungen ihren Anfang
nimmt. Die Möglichkeit sich durch den Holzverkauf eine Ein=
nahme zu verschaffen, war für Obermärker und Grundherren
der Ansporn, nach dem Alleinbesitz der Waldungen zu streben,
die unentgeltlichen Abgaben aufzuheben oder doch einzuschränken.
Sie haben dabei im Laufe des 14. und 15. Jahrhunderts in
vielen Fällen Erfolg gehabt, wie aber die bäuerliche Bevölke=
rung über diese Vorgänge dachte, zeigt uns deutlich der fünfte
Artikel der aufsländischen Bauern im großen Bauernkriege von
1525: „Zum fünften sind wir auch beschwert der Beholzung
halb, denn unsere Herrschaften haben sich die Hölzer alle
zugeeignet und wenn der arme Mann etwas bedarf, muß er's
um doppelte Geld kaufen." Bei ihren Verhandlungen mit
den Landesherren forderten die Bauern auch mehrfach, es
sollten alle Wälder, deren Besitzer nicht den Erwerb durch Kauf
erweisen könnten, der Gemeinde zufallen. Der Wald bildete
ein Kampfobjekt im Bauernkriege, die Niederlage der Bauern
beschleunigte daher auch vielfach den Eigentumsübergang, so
hat z. B. der Erzbischof von Mainz Ballenberg, Krautheim
und andere Orte des Odenwaldes für ihre Teilnahme am Auf=
stand mit Konfiskation ihrer Waldungen bestraft.

Im 17. und 18. Jahrhundert hat sich der Auflösungs=
prozeß der Markgenossenschaften weiter vollzogen, neben dem

Übergang der Markwaldungen in den Besitz von Landes= und Grundherren fand nun häufiger als früher eine Aufteilung unter die Markgenossen statt. Sie wurde von den Obermärkern dort gefördert, wo diese nicht das Eigentum des ganzen Mark=waldes erlangt hatten, weil sie bei der Teilung für ihre Vor=rechte ein großes Stück des Waldes beanspruchen konnten. Auch die Landesherren begünstigten die Aufhebung des gemeinschaft=lichen Besitzes, da sie sich eine bessere Bewirtschaftung von dem Übergang in Privatbesitz versprachen, wo jeder wisse, daß seine Arbeit ihm oder seinen Nachkommen zu gute komme, und die Durchführung der Waldordnung erleichtert werde, weil man sich dann an den einzelnen Eigentümer für die in seinem Walde vorgekommenen Verstöße halten könne. Ähnliche Anschauungen haben noch bis Mitte des 19. Jahrhunderts in vielen Gegen=den die Aufteilung von Genossenschafts= und Gemeindewaldungen begünstigt. In anderen Teilen Deutschlands dagegen haben die Regierungen den Gemeindewaldbesitz zu erhalten gesucht und die Teilung von Markwaldungen nur unter die Gemeinden, nicht unter die einzelnen Markgenossen gestattet. Überhaupt be=steht unser heutiger Gemeindewald vorwiegend aus Resten der alten Markwaldungen, daneben enthält er frühere Reichswal=dungen, Ablösungsflächen für alte Forstrechte, aufgeforstete Ge=meindeländereien, insbesondere frühere Allmendweiden. Die Geschichte der Markwaldungen spiegelt sich noch heute wieder in der Verteilung der deutschen Gemeindeforsten. Wir können dabei vier Gebietsgruppen unterscheiden:

1. Nordostdeutschland. — Die sechs östlichen Provinzen Preußens, Mecklenburg und das Königreich Sachsen. — Hier waren Markwaldungen sehr selten, ist es doch in der Haupt=sache den Slawen abgerungenes Gebiet, in dem grundherrliche Siedlung vorwiegt. Die Gemeinden besitzen hier 7,7 Prozent des Waldes.

2. Mittel= und Nordwestdeutschland. Die Provinzen Schleswig=Holstein, Sachsen, Hannover, Westfalen und die an=grenzenden Kleinstaaten. Der frühere große Markwaldbesitz ist durch Aufteilung so vermindert, daß den Gemeinden jetzt nur noch 9,3 Prozent der Waldfläche gehören.

3. Südostdeutschland, d. h. das rechtsrheinische Bayern mit Ausnahme von Unterfranken. Da in diesem Gebiet viele Reichs=waldungen lagen, war der Anteil der Markgenossenschaften

immer ein kleinerer als im vorigen, auch hier ist die Aufteilung sehr weit gegangen und heute gehören den Gemeinden nur 5,6 Prozent des Waldes.

4. West- und Südwestdeutschland. Der frühere reiche Waldbesitz der Markgenossenschaften ist noch heute zum größten Teil Gemeindegut. Dieses enthält 38 Prozent der Waldfläche. — Von dem ganzen deutschen Wald gehören $2\frac{1}{4}$ Million Hektar = 16,1 Prozent Gemeinden.

Ein großer Teil unserer Staatsforsten ist aus den alten Reichswaldungen hervorgegangen und manches Stück früher markgenossenschaftlicher Besitz gewesen. In den protestantischen Gebieten brachte die Einziehung der Kirchen- und Klosterwaldungen während der Reformationszeit einen erheblichen Zuwachs, da diese nur in einzelnen Staaten zur Ausstattung von Kirche und Schule verwendet, meist aber dem landesherrlichen Domänengut zugeschlagen wurden. Auch die Verheerungeu des 30jährigen Krieges führten durch den Heimfall aufgelassener Äcker mancherorts zu einer beträchtlichen Mehrung des Staatswaldes. Eine solche trat dann endlich noch ein durch die Säkularisationen, die um 1800 infolge der großen politischen Umwälzungen in Deutschland vorgenommen wurden. Die letzteren führten aber auch wieder zu einer erheblichen Verminderung der Staatswaldfläche, da den mediatisierten Fürstenhäusern in der Regel ihr ganzer Domänenbesitz als Eigentum belassen wurde. Die damaligen volkswirtschaftlichen Anschauungen waren überhaupt dem Staatswald wenig günstig, auch von ihm lehrten die Anhänger Adam Smiths, er werde in der Hand von Privaten besser bewirtschaftet werden und höhere Erträge bringen. In der durch die Franzosenkriege verschuldeten Notlage sind dann auch in Bayern und Preußen umfangreiche Staatswaldverkäufe angeordnet, glücklicherweise aber nur zum kleinen Teil ausgeführt worden. Weit erheblicher waren die Flächen, die im Laufe des letzten Jahrhunderts zur Ablösung von Forstrechten hingegeben werden mußten, sie umfaßten etwa 150 000 Hektar. Seit 1830 hat aber in allen deutschen Staaten wieder eine Vermehrung des Staatswaldbesitzes stattgefunden, die z. B. von 1878—1900 rund 225 000 Hektar betrug, und auch heute noch andauert. Als Grund für diesen Umschwung ist zunächst die Erkenntnis anzuführen, daß der Staatswald nicht nur sehr gut bewirtschaftet werden kann,

sondern auch durch seine Erträge auf die Volkswirtschaft wohl=
tätig einwirkt. Mögen sie immerhin neben den hohen Summen
unserer modernen Staatsbudgets geringfügig erscheinen, auch für
die meisten anderen deutschen Staaten trifft doch das aus den
Verhältnissen des Großherzogtums Baden gewonnene Urteil
Buchenbergers zu, daß „ohne die opferlos aus den Domänen
gewonnene Einnahme — von 5 Millionen — die Befriedigung
zahlreicher wichtiger staatlicher Bedürfnisse nur unter der
Voraussetzung einer Steuererhöhung gewaltsamen Charakters
möglich wäre". Doch trat bei den Ankäufen unserer Staats=
forstverwaltungen der Gedanke, geeignete Anlageobjekte für
Staatsgelder zu gewinnen, zurück hinter dem Bestreben, die
Aufforstung von Ödländereien im Interesse der Landeskultur
zu fördern. Und in der Tat ist der Staat ja der nächste dazu,
diese Aufgabe zu übernehmen, da solche Aufforstungen einen
ziemlich beträchtlichen Aufwand erheischen, in den ersten Jahr=
zehnten aber keinen nennenswerten Ertrag liefern. Das Gleiche
gilt vielfach von der Aufforstung derjenigen Ländereien, die die
Landwirtschaft jetzt aufgibt, weil die modernen Produktions=
bedingungen keine rentable Bewirtschaftung mehr ermöglichen.
Auch hier ist der alte Besitzer häufig zu arm, um selbst die
Aufforstung zu besorgen und dann zu warten, bis nach langen
Jahren eine Ernte möglich ist. Kann nicht die Gemeinde die
Erwerbung übernehmen, und auch ihr fehlen dazu oft die
Mittel, so muß der Staat eintreten. Ebenso ist die Erwerbung
eines Teils unserer heutigen Privatwaldungen durch den Staat
wünschenswert, da ihr dermaliger Zustand höchst ungünstig ist.
Man hat früher lebhaft darüber gestritten, wer bessere Wald=
wirtschaft treibe, der Staat oder die Privaten, auch heute noch
kann man beide Ansichten vertreten hören, aber der Streit ist in=
sofern gegenstandlos, als die Fragestellung verfehlt ist. Eine
erfolgreiche Waldwirtschaft setzt außer dem Willen des Besitzers
vor allem zwei Dinge voraus. Einmal eine genügende Stetig=
keit in der Bewirtschaftung. Die Produktion im Walde bedarf
immer langer Zeiträume, der Erfolg der einzelnen Maßnahmen
kann meist erst nach Jahrzehnten festgestellt werden, es wird
ein solcher aber überhaupt nicht erzielt werden, wenn ein fort=
gesetztes Schwanken zwischen verschiedenen Methoden stattfindet.
Darum muß ja auch der Eigentümer unter Umständen lange
Zeit hindurch auf den Ertrag warten können, wenn die höchste

Rente erzielt werden soll. Daß in dieser Hinsicht der Staat im Vorteil ist vor den meisten Privaten, ist sicher, aber der große fideikommissarisch gebundene Grundbesitz kann gleich günstige Bedingungen für die Waldwirtschaft bieten. Das andere Erfordernis ist der Besitz einer genügend großen Fläche. Wegen der langen Produktionszeiten, der geringen Arbeitsintensität und dem verhältnismäßig niedrigen Wert des Holzes läßt sich eine möglichst vorteilhafte Wirtschaft nur beim Besitz von mindestens 1500 Hektar treiben. Je kleiner die Waldfläche ist, um so größer sind die Schwierigkeiten des Betriebs, sinkt sie beim Hochwald unter 10, beim Niederwald unter 5 Hektar herunter, so ist eine zweckmäßige Wirtschaft kaum mehr möglich, es zeigen sich dann all die Nachteile der Parzellierung. So wächst, um nur einiges hervorzuheben, die Beeinträchtigung, die die höheren Stämme eines Nachbargrundstückes durch zu starke Beschattung den Jungwüchsen zufügen, um so mehr, je größer die Länge der Grenzen im Verhältnis zur Fläche des Waldstückes wird; und in je mehr Eigentumsparzellen ein zusammenhängender Wald zerfällt, um so größer ist die Gefahr, daß durch den Abtrieb des Bestandes auf dem einen Grundstück der auf den angrenzenden plötzlich den Angriffen des Windes bloßgestellt werde.

Die Frage ist also nicht, ob Staat oder Private die bessere Wirtschaft führen können, sondern ob Groß- oder Kleinbesitz der Waldwirtschaft günstiger sei, und die Antwort lautet: ersterer. 1895 gehörten nun 43% der forstlichen Betriebe in die Größenklasse unter 1 Hektar, weitere 47% in die zwischen 1 und 10 Hektar, sie nehmen zusammen 11,8% der deutschen Waldungen ein. Und dabei zerfällt die Fläche eines Betriebes vielfach wieder in eine Reihe von Parzellen. Die Bewirtschaftung dieser Zwergwaldungen ist nach den übereinstimmenden Berichten aus den verschiedensten Gegenden Deutschlands meist eine sehr schlechte, vielfach wird durch sie sogar die Existenz des Waldes gefährdet. Ist diese Tatsache allgemein wegen der Verminderung der Wertserzeugung bedauerlich, so wird sie in Gebirgsgegenden, wo die Bewaldung zum Schutze des Bodens — siehe Kapitel VI — unentbehrlich ist, höchst bedenklich. Die Erwerbung solcher Privatwaldungen durch den Staat ist daher im Interesse der Landeskultur dringend zu wünschen.

Land	Kronforsten	Staatsforsten	Staatsanteil-forsten	Gemeinde-forsten	Stiftungs-forsten	Genossen-schaftforsten	Privatforsten
			Von den Waldungen entfallen in % auf				
Preußen . . .	0,9	30,9	—	13,3	1,2	2,9	50,8
Bayern . . .	0,1	33,5	0,3	12,5	1,9	0,8	50,9
Sachsen . . .	—	45,2	—	6,0	2,6	0,2	46,0
Württemberg .	1,1	31,2	—	29,7	2,4	1,2	34,4
Baden . . .	1,5	16,9	—	45,1	3,3	0,3	32,9
Hessen . . .	27,7	10,6	1,5	36,2	0,3	0,9	32,8
Elsaß-Lothringen	—	31,0	3,6	44,7	0,6	—	20,1
Deutsches Reich.	1,8	31,7	0,2	16,1	1,5	2,2	46,5

Es ist also fast die Hälfte des deutschen Waldes im Besitz von Privaten, ein knappes Drittel in dem des Staates.

V. Kapitel.

Die volkswirtschaftliche Bedeutung der Walderträge und der Waldarbeit.

Wichtigste Literatur. Gayer, Forstbenutzung. Endres, Die Waldbenutzung. Ders., Forstpolitik. Schwappach, Forstpolitik. Ders., Forstgeschichte.

Die Geschichte des Waldeigentumes hat uns gezeigt, daß der Besitz von Wald schon in frühen Zeiten begehrt worden ist. Freilich verlieh ihm, wie wir auch schon sahen, nicht das Holz Wert, sondern die Jagd und die Möglichkeit, aus ihm urbares Land zu gewinnen. Wichtig war der Wald weiter noch, weil er dem Vieh zur Weide diente, und zwar insbesondere zur Haltung großer Schweineherden, die mit den Eicheln und Bucheckern gemästet wurden. Da das Schwein bis gegen das Ende des Mittelalters fast der alleinige Fleischlieferant war, ist die hohe Wertschätzung dieser Waldnutzung — der Mast — leicht verständlich. Sie zeigt sich z. B. darin, daß mehrfach in

Urkunden die Waldgröße bestimmt wird durch Angabe der Anzahl Schweine, die in dem Walde gemästet werden können, sie erhellt auch weiter daraus, daß von ihr schon frühzeitig eine Abgabe, der Dehem, erhoben wurde, die ursprünglich dem Könige, später dem Waldeigentümer, in Markwaldungen dem Obermärker zufiel, am besten aber wird es durch die Ausführlichkeit bewiesen, mit der Weistümer und sonstige Rechtsüberlieferungen gerade die Mastnutzung behandeln. Besonders zahlreich sind die Bestimmungen darüber, wie hoch die Abgaben bemessen werden und wann sie bezahlt werden sollen. So heißt es vom Lußhardtwald bei Bruchsal, in den bei guter Mast 20000 Schweine eingetrieben werden konnten, wodurch dann dem Speyerer Bischof eine Einnahme von 10000 Gulden erwuchs: „Es ist des waldes recht und herkommen wenn ein swyn mit dryen fußen darinne kommet, so ist es vollen dehem schuldig, und wann der vierte fuß hinyne kommt, so ist man dem hirten den hirtenlohn schuldig"

Noch im 17. und 18. Jahrhundert stand die Mastnutzung in hohem Ansehen, selbst in einer Waldwertberechnung aus dem Jahr 1802 wurde der Wert eines alten Eichenbestandes nicht nach dem mutmaßlichen Holzerlös, sondern durch Kapitalisierung des durchschnittlichen Eckerichgeldes bestimmt. Erst der Übergang zur Stallfütterung hat die Mast entwertet. Heute wird sie wohl kaum irgendwo in Deutschland mehr benutzt.

Eine im Mittelalter wichtige, seither ganz verschollene Waldnutzung bildete die Zeidlerei (der Fang wilder Bienenschwärme und die Bienenzucht im Walde). Verpfändete doch Karl IV. die Abgaben der Nürnberger Zeidler um 200 Mark lötigen Silbers (= 11000 Mk.).

Das Holz dagegen gewann trotz der großen Mengen, die von jeher für Bauten und Feuerung gebraucht worden sind, erst einen erheblicheren Wert durch die Verminderung der Waldfläche in der letzten großen Rodungsperiode. Bei deren Ausgang begann auch bereits auf dem Rhein und seinen Nebenflüssen, und wenig später im Stromgebiet von Weser und Elbe, der Holzhandel sich zu entwickeln, der für einzelne Gegenden schon im 14. und 15. Jahrhundert eine große Bedeutung erlangte und zur Entstehung von Flößerzünften führte. Besonders die Orte am Niederrhein sind schon früh auf den Bezug von Bauholz aus dem Schwarzwald angewiesen gewesen.

Nach dem Dreißigjährigen Kriege nahm dieser Handel einen großen Aufschwung. Er bevorzugte das Eichenholz, verfrachtete aber auch große Mengen von Fichten und Tannen, hatte bei diesen indessen bereits unter dem Wettbewerb skandinavischer Händler zu leiden.

Auch im letzten Jahrhundert sind auf dem Rhein große Massen Holz aus den Forsten Badens, Württembergs und Bayerns nach dem rheinisch-westfälischen Industriegebiet und Holland geflößt worden. Aber immer fühlbarer wurde die Konkurrenz des Auslandes, das heute bereits bis Karlsruhe und Straßburg auf dieser Wasserstraße sein Holz versendet.

Im Innern großer, von den Floßstraßen abgelegener Wälder war freilich das Holz noch lange Zeiten fast unverwertbar. Daher konnte sich in solchen Urwaldungen das Gewerbe der Aschenbrenner entwickeln, die große Holzmassen verfeuerten, lediglich um Pottasche für die Glasfabrikation zu gewinnen. Selbst am Ende des 17. Jahrhunderts wurden vielerorts noch Glashütten gegründet, um den Ertrag der Forsten zu steigern. Freilich hatten die meisten nur einen kurzen Bestand, denn im 18. Jahrhundert befürchtete man in vielen Teilen Deutschlands den baldigen Eintritt einer Holznot, und die Regierungen verboten das Aschebrennen, wie sie auch sonst auf tunlichste Einschränkung des Holzverbrauches hinzuwirken suchten. Jene Befürchtung ist in erster Linie durch ein starkes Steigen der Holzpreise hervorgerufen worden — im Fürstbistum Speyer stiegen sie 1718—93 um das Siebzehnfache —. Sie war in manchen Gebieten angesichts der früher geschilderten Waldzustände nicht unberechtigt, wir sahen auch schon, daß sie die Bemühungen zur Hebung der Forstwirtschaft mächtig förderte und die Erzeugung von möglichst vielem Brennholz erstrebenswert erscheinen ließ.

Das 19. Jahrhundert, dessen ganze industrielle Blüte ja gerade auf der Benutzung der Steinkohle beruht, hat darin wie überhaupt in der Verwendung des Holzes einen großen Wandel geschaffen. Welche Bedeutung dieses heute noch für unsere Wirtschaft hat, wird am besten erläutert, wenn wir uns die Zwecke ins Gedächtnis rufen, zu denen wir uns seiner bedienen. In erster Linie ist zu nennen das Bauwesen. Zwar die Zeiten sind längst dahingegangen, in denen auch in den Städten der Holz- und Fachwerkbau überwog, bei dem der größte Teil des

Hauses aus Holz besteht, Steine und sonstiges Material nur zur Füllung dienen. Diese Bauart hat schon seit mehr als 100 Jahren dem Steinbau weichen müssen, bei dem nur die Decken zwischen den einzelnen Geschossen und der Dachstuhl aus Holzbalken gebildet wird, und daß auch hierin wieder während der letzten Jahrzehnte sich eine Änderung vollzieht, daß eiserne Konstruktionen an Stelle der hölzernen treten, die T-Träger den Balken ersetzen, ist allgemein bekannt, es erklärt sich auch zur Genüge aus der größeren Dauer des Eisens, seiner höheren Elastizität und Tragkraft sowie der Möglichkeit, jede beliebige Länge der Träger leicht zu bekommen. Doch werden auch in der Stadt noch immer sehr ansehnliche Mengen Bauholzes verwendet, und auf dem Lande hat das Eisen noch verhältnismäßig wenig Eingang gefunden, in Waldgebirgen, wie dem Schwarzwald, hat sich noch häufig der alte Holzbau erhalten, obwohl ein einziges Bauernhaus etwa 300 cbm Holz erfordert.

Wie die Überlegenheit des Eisens in seiner Elastizität und Tragfähigkeit dann in der Länge der Stücke begründet ist, sind diese Eigenschaften auch die Ursache, warum die Nadelhölzer für Bauten vor den Laubhölzern bevorzugt werden. Wichtig ist freilich auch noch, daß sie viel leichter sind als das Eichenholz, das ihnen an Elastizität und Tragfähigkeit gleichkommt, an Dauer sie übertrifft, und daher noch von unseren Großvätern mit Vorliebe für Bauten gewählt wurde. Aber der Kubikmeter Eichenholz wiegt 750 kg, die gleiche Masse Nadelholz nur etwa 500. Da zudem das Eichenholz heute drei- bis viermal teurer ist als das Nadelholz, erklärt sich die Bevorzugung dieses letzteren leicht, zumal da die moderne Technik auch Mittel gefunden hat, um die Dauer des Holzes künstlich zu erhöhen.

Günstiger steht es für das Holz beim Innenbau, wo es zur Herstellung der Böden, Verschalung der Wände, für Türen und Fenster verwendet wird. Hier ist eine Ersetzung durch andere Materialien bisher selten gewesen und wird auch kaum so bald einen erheblichen Umfang annehmen, weil das Holz zwei große Vorzüge aufzuweisen hat. Der eine ist die leichte Bearbeitung, die es erlaubt, ihm alle gewünschten Formen zu geben, der zweite seine geringe Wärmeleitung, dank deren es die Abgabe der Zimmerwärme nach außen erschwert. Selbst für Räume, in denen schwere Arbeiten verrichtet, große Lasten bewegt werden sollen, der Boden daher leicht beschädigt wird und einer starken Abnutzung unterliegt, vermag das Holz seit Erfindung der Parkettriemenböden mit Zement, Asphalt und Stein erfolgreich zu konkurrieren.

Auch beim Innenbau werden zumeist Nadelhölzer verwendet, teils wegen ihres geringeren Gewichtes, teils, und wohl hauptsächlich, weil sie billiger sind als die Laubhölzer. Für Parkettböden nimmt man Eichen und Buchen oder Kiefernkernholz, insbesondere das amerikanische von Pinus australis stammende Pitchepine. Für die Fensterrahmen, die den Einflüssen der Witterung sehr ausgesetzt sind, müssen Hölzer gewählt werden, die bei wechselnder Feuchtigkeit nicht quellen und schwinden, sondern ihre Form gut bewahren. Hinzu eignen sich gut ausgetrocknetes Eichenholz und das harzreiche Kernholz der Kiefer und Lärche. Sehr erhebliche Holzmengen beanspruchen endlich noch die Gerüste, welche bei der Erstellung von Neubauten, bei Erneuerung des Anstriches und dergleichen Anlässen aufgeschlagen werden.

Der beschränkte Raum gestattet nur eine flüchtige Skizze der sonstigen Verwendungsarten. In großem Umfang werden heute Buchen, Kiefern, auch Eichen, Ulmen und Fichten zur Anlage geräuschlosen Pflasters benutzt. Der Bedarf unserer Eisenbahnen an Holzschwellen beträgt jährlich etwa 1 000 000 cbm, und zwar kommt heute immer mehr die mit Teerölen imprägnierte Buchenschwelle zur Verwendung, die auch an Dauer — bis zu 30 Jahren — mit der eisernen Schwelle zu konkurrieren vermag. Fluß- und Hafenbauten verschlingen große Massen Holzes jeder Art. In sumpfigem Baugelände werden zur Fundamentierung Pfahlroste aus starken Eichen, Kiefern oder Lärchen errichtet (ganz Venedig steht bekanntlich auf solchen); erst in neuester Zeit scheint ihnen in den Eisenbetonklötzen ein gefährlicher Wettbewerber zu erwachsen. Beim Brücken- und Mühlenbau hat das Eisen das Holz schon fast ganz verdrängt, Ähnlich steht es beim Bau der Seeschiffe, während auf den Binnengewässern noch die aus Holz gebauten Fahrzeuge weitaus überwiegen.

In unseren Bergwerken werden zum Ausbau der Schächte und Stollen, zur Unterstützung unterhöhlter Gesteinsschichten, für Pump- und Hebewerke sowie sonstige Anlagen jährlich rund 4 000 000 cbm Holz verbraucht. Vorwiegend sind es schwache und mittlere Hölzer, auf die Holzart wird wenig

Gewicht gelegt, da in der feuchtwarmen Luft der Bergwerke die üppig wuchernden Pilze auch das widerstandsfähigste Holz in wenigen Jahren zerstören. Recht erhebliche Mengen von Stangen und schwachen Stämmen beanspruchen die elektrischen Fernleitungen, und sehr groß ist der Bedarf der Landwirte an Bohnen= und Rebstöcken, Hopfenstangen, Baumpfählen, Zaun= stickeln und allerlei Geschirrholz für die verschiedenen Geräte. Spürt doch der Waldbesitzer es regelmäßig in den Holzpreisen, ob ein guter Wein gewachsen, die Hopfenernte reich oder schlecht ausgefallen ist, ja nicht selten kommt es vor, daß er Durch= forstungshiebe, die hauptsächlich solches Material ergeben, zurück= stellen muß, weil das Jahr ungünstig war und daher kein Be= darf und auch wenig Geld bei den Bauern vorhanden ist.

Ein vorzüglicher Käufer für starke Hölzer ist unsere Möbel= schreinerei. Für die billigen Sachen nimmt sie Nadelholz, bessere Stücke werden aus Hölzern gefertigt, die eine schöne Farbe, Glanz oder Maserung besitzen. Von den einheimischen Arten kommen vorzüglich Eiche, Nuß, Esche, Ulme, Ahorn und Birke in Frage. Die mit dem Aufblühen unserer Industrie entstandene Modellschreinerei verarbeitet nicht geringe Mengen Birnbaum=, Linden=, Ahorn= und Erlenholz, für gröbere Dinge auch Buchen= und Nadelholz. Astreine, gleichmäßig gebaute Fichten= und Tannenbretter gebrauchen die Kattundruckereien zur Herstellung der Modellbreter. Noch größere Anforderungen bezüglich der Feinheit und Gleichmäßigkeit des Holzes stellen die Erbauer musikalischer Instrumente. Das Resonanzbodenholz muß enge, gleichbreite Jahresringe aufweisen und völlig frei von Ästen sein. Heute wird es fast nur noch in den Forsten des bayrischen Waldes und des Böhmerwaldes gewonnen von meist 200jährigen Fichten, und auch von diesen ist nur der äußere Teil des unteren Stammendes hierzu tauglich, das Stamminnere und die höheren Schaftteile haben zu viele Äste.

Die Wagnerei bedarf besonders elastische Hölzer, sie be= vorzugt von unseren einheimischen Bäumen: Esche, Birke, Eiche, Ulme und Akazie. Der Küfer legt mehr Gewicht auf große Dauer und Dichte, seinen Ansprüchen genügt am besten ein Eichenholz mit breiten Jahresringen, von denen die Poren (Gefäße) nur einen kleinen Teil bilden, wie es bei raschem Wuchs in milden Lagen erzeugt wird. In dem verwandten Gewerbe der Böttcherei (Küblerei, Schnäflerei) wird vorwiegend

Fichtenholz, zur Anfertigung von Fässern zum Butterversand aber auch Buchenholz in großen Mengen verarbeitet. Der Drechsler braucht gleichmäßig gebautes Holz: Buchs, Birnbaum, Ahorn, Eibe und Hainbuche sind für ihn am wertvollsten. Die gleichen Arten, ferner noch Eichen, bevorzugt die feine Holzschnitzerei, im Mittelalter war sie bekanntlich ein hochentwickeltes Kunstgewerbe, jetzt lebt sie wenigstens in einzelnen Gegenden wieder mehr auf. Viel größere Holzmassen verarbeitet die grobe Schnitzwarenindustrie, von deren Erzeugnissen die Holzschuhe (aus Pappeln, Weiden, Lindenholz) und die Spielwaren (meist aus Fichtenholz) besonders genannt sein mögen. An letzteren produzierte z. B Olbernhau in Sachsen in den achtziger Jahren des 19. Jahrhunderts jährlich über 1 Million Kilogramm im Wert von 700000 Mk.

Eine ausgedehnte Industrie befaßt sich mit der Anfertigung von Holzwaren durch Spalten, sie liefert Schindeln zum Decken der Häuser und zur Verkleidung dem Winde und Wetter ausgesetzter Wände, Schachteln, Reifen, Zündhölzer, Klärspähne für die Bierbrauer, Holzflechtwaren, Blumenstäbe, Rolljalousien, Holznägel und dergleichen mehr.

Von großer Bedeutung für den Ertrag unserer Wälder ist in den letzten Jahrzehnten die Entwicklung der Holzschleifereien gewesen, in denen das Holz auf mechanischem Wege möglichst zerkleinert und aus dem durch Zusatz von Wasser gewonnenen Holzmehlbrei durch Auswalzen Holzstoff, Holzpapier und dergleichen hergestellt wird. Die Zahl der Holzschleifereien betrug nach Endres 1903 633, ihr Jahresbedarf etwa 1 Million Kubikmeter. Verwendet wird Fichtenholz, ferner Aspen und Lindenholz. Ungefähr ebenso groß ist der Verbrauch der Zellulosefabriken, in denen nach verschiedenen chemischen Verfahren (Natron und Sulfitzellulose) die den festen Holzkörper zum großen Teil bildende Zellulose von Lignin und den übrigen Bestandteilen des Holzes gereinigt wird. Auch die Zellulose dient in erster Linie zur Herstellung von Papier, weiter aber macht man aus ihr Ornamente, Möbel, Fässer und andere Hohlgefäße, Wandverkleidungen, selbst Boote, Balken und sogar die Scheiben für Eisenbahnräder, um die dann nur ein Radkranz aus Stahl gelegt wird.

Auch als Verbandstoff findet die Zellulose Verwendung, durch weitere chemische Umwandlung wird aus ihr die künstliche

Seide gewonnen, ebenso Haare, die für die Perückenfabrikation die Menschenhaare sehr wohl ersetzen können. Die Zellulosefabrikanten bevorzugen Fichten=, Aspen= und Lindenholz, viel verwendet wird ferner Weißtannenholz, bei den anderen Holzarten bleibt die Zellulose immer noch etwas gefärbt, ist daher weniger wertvoll.

Dagegen verarbeiten die Holzessigfabriken vorwiegend Buchenholz, das dabei in Retorten so stark erhitzt wird, daß ein Teil seiner Bestandteile überdestilliert, während als Rückstand Holzkohle verbleibt. Diese Retortenkohle hat heute die alte in Meilern gewonnene Holzkohle fast überall verdrängt. Ein zweites Nebenprodukt ist der Holzteer, der als Antiseptikum und zur Farbendarstellung verwendet wird. Der aus dem Holz gewonnene Essig hat den auf die alte Weise aus Wein und ähnlichen alkoholischen Flüssigkeiten erzeugten schon zum großen Teil ersetzt, seine Hauptverwendung aber besteht in der Bereitung von essigsaurem Kalk für die chemische Industrie. Auch Holzgeist (Methylalkohol) und Gas können bei der Destillation des Holzes gewonnen werden. Ferner ist zu erwähnen die Darstellung von Oxalsäure aus Holz, die in der Färberei eine ausgedehnte Verwendung findet. Nicht geglückt ist es dagegen bisher, ein wirtschaftlich brauchbares Verfahren zu finden, um aus der Zellulose Zucker und Spiritus zu gewinnen, gewissermaßen das Holz eßbar zu machen. Doch ist die Möglichkeit einer solchen Umwandlung unbestreitbar, und so wird wohl die Zukunft auch einen geeigneten Weg finden.

Die Auffindung von Methoden zur chemischen Verarbeitung des Holzes hat für die Waldeigentümer besonders darum einen so hohen Wert, weil sie zum großen Teil Sorten verwenden, die sonst nur als Brennmaterial zu gebrauchen wären. Denn auch bei der Hausfeuerung hat die Kohle, dank ihrem viel größeren Brennwert, das Holz immer mehr verdrängt. Wenn dieses daneben doch noch in beträchtlichen Mengen zur Heizung verwendet wird, so beruht das einmal darauf, daß die Holzfeuerung viel reinlicher ist, insbesondere weniger Staub und Ruß verursacht als der Steinkohlenbrand, zweitens aber auch darauf, daß auf dem Lande die Öfen noch vielfach nicht für Kohlen eingerichtet sind, und daß in vielen Gemeinden ein großer Teil der Bürger das erforderliche Brennholz — als Bürgernutzen — umsonst oder doch zu sehr niedrigen Preisen

erhält. Doch ist nicht zu leugnen, daß auch dort die Stein=
kohlenfeuerung immer mehr sich einbürgert. Welchen Einfluß
das Sinken des Brennholzwertes auf die Entwicklung der
Forstwirtschaft gehabt hat, wie sehr dadurch die Verbreitung
der Nadelhölzer gefördert wurde, haben wir schon gesehen. Auch
ist nicht zu verkennen, daß im Laufe des letzten Jahrhunderts
eine erhebliche Steigerung der Ausbeute an Nutzholz eingetreten
ist. So waren nach Endres von Derbholz, d. h. allem Holz
mit mehr als 7 cm Durchmesser, in den preußischen Staats=
forsten 1830 20% Nutzholz, 1900 aber 60, in Sachsen 1820 17,
heute 80. Im Durchschnitt für ganz Deutschland darf wohl
angenommen werden, daß zur Zeit 50% vom Derbholze oder
40—45% von der gesamten erzeugten Holzmasse Nutzholz sind.

Der Gesamtertrag der deutschen Wälder kann auf jährlich
50 000 000 cbm im Wert von etwa 400 Millionen Mark
veranschlagt werden. Er reicht aber nicht aus, um unseren Ver=
brauch zu bestreiten, vielmehr führt Deutschland schon seit einer
Reihe von Jahren mehr Nutzholz ein als aus. Die Mehr=
einfuhr entspricht zurzeit etwa 10 000 000 cbm Stammholz.
Auch in Zukunft werden wir diese Einfuhr nicht entbehren
können, doch besteht keine Gefahr, daß in absehbarer Zeit ein
Mangel an Holz eintrete. Zwar befinden sich England, Frank=
reich, die Niederlande und eine Reihe anderer Staaten in der
gleichen Lage wie wir, aber die Holzvorräte Sibiriens, Ost=
europas und Nordamerikas reichen noch lange zur Bestreitung
des Bedarfes. Außer dem Holz liefert der Wald eine Reihe
von mehr oder minder wertvollen Erzeugnissen. Die Rinde
der Eiche und Fichte wird in großen Mengen zur Gerberei
verwendet, wasserdichtes Leder kann immer noch nicht ohne
Eichenlohe hergestellt werden. Aber schon seit Jahrzehnten
werden neben der Eichenrinde eine Reihe von anderen Gerb=
materialien verwendet, vor allem das aus Argentinien stammende
Quebrachoholz. Diese modernen Gerbmaterialien haben den
Vorteil, daß die Lederbereitung verbilligt und wesentlich be=
schleunigt wird, so daß die geringere Güte des modernen
Fabrikates dadurch ausgeglichen wird. Ist doch der Preis des
Leders von 1870 bis 1895 um die Hälfte niedriger geworden.
Damit war auch ein bedeutendes Sinken der Preise für Eichen=
rinde verbunden, sie fielen von 10 und 12 Mark für den
Zentner auf knapp 4 Mark, während gleichzeitig die Arbeits=

löhne steigen. Würde nun die Eichenrinde wie die Fichtenrinde
als Nebenprodukt gewonnen, so wäre dieser Ausfall, so empfindlich er auch den einzelnen Waldbesitzer treffen mag, ohne große
Bedeutung. Gute Eichenrinde kann aber nur von 15—18=
jährigen Stangen gewonnen werden, ihre Erzeugung ist somit
auf den Niederwald beschränkt. Die Eichenschälwaldungen um=
faßten 1900 447 000 Hektar, für ihre Besitzer ist die Frage,
wie sich die Rindenpreise künftig gestalten werden, von der
größten Wichtigkeit. Denn wenn sie dauernd unter 4 Mark
sinken, wird der Schälwald unrentabel und es muß zu anderen
Waldformen übergegangen werden. Da auch auf dem Gebiet
der mineralischen und elektrischen Gerbung in den letzten Zeiten
erhebliche Fortschritte gemacht worden sind und Eichenrinden zu
billigem Preise aus andern Ländern bezogen werden können,
scheint es mir nicht zweifelhaft, daß die Preise der deutschen
Rinden noch weiter fallen werden. Die Umwandlung des
Schälwaldes in Hochwald erheischt aber für lange Jahre den
Verzicht auf jede nennenswerte Nutzung. Dies Opfer vermögen
Staat und Gemeinde wohl zu bringen, leider aber befindet sich
ein großer Teil der Schälwaldungen im Besitz von kleinen
Bauern. Sie haben vielfach ihre ganze Wirtschaft darauf ein=
gerichtet, jährlich eine kleine Geldsumme aus dem Rindenverkauf
zu erlösen, wobei sie gleichzeitig den Arbeitslohn für die Zurichtung
der Rinden selbst verdienen. Für sie ist der Verzicht auf
diesen Ertrag kaum möglich und der Ausfall durch den Preis=
sturz bei der geringen Einträglichkeit der Landwirtschaft doppelt
empfindlich.

In den bäuerlichen Schälwaldungen besteht noch vielfach
die Verbindung von Fruchtbau und Holzzucht, wie wir sie bereits in der Hackwaldwirtschaft kennen lernten. Auch beim
Hochwald findet gelegentlich, wenn ein Kahlhieb ausg·führt
worden ist, ein ein= oder zweimaliger Anbau von Getreide,
Kartoffeln oder sonstigen Früchten statt. Im Anfang des
vorigen Jahrhunderts hat man auf die Verbindung von Land=
und Forstwirtschaft große Erwartungen gesetzt, sie sollte die
Versorgung der wachsenden Bevölkerung mit Brot ermöglichen,
ohne der Holzproduktion nachteilig zu werden. Beschränkt sich
der landwirtschaftliche Anbau auf zwei Jahre und mindestens
mittlere Böden, so ist tatsächlich kein Nachteil für den Wald
zu befürchten, vielmehr werden die Kosten der folgenden Kultur

vermindert, und die Bodenlockerung beschleunigt die Entwicklung der jungen Holzpflanzen. Auf armem Boden freilich kann der Entzug von mineralischen Nährstoffen nachteilig werden. Heute steht diese Nutzungsweise offenbar auf dem Aussterbeetat, es wurden 1900 nur noch 9860 Hektar angebaut — also noch nicht einmal die halbe Jahres-schlagfläche der Schälwaldungen. Der Rückgang beruht natürlich auf dem Sinken der Getreide-preise und dem Steigen der Arbeitslöhne, die den Anbau un-rentabel machen.

Größere wirtschaftliche Bedeutung hat die Nutzung der Gräser und Kräuter des Waldes. Zwar die in früheren Zeiten allgemein übliche Art derselben, das Austreiben der Herden in den Wald, damit das Vieh dort während eines großen Teiles des Jahres seine Nahrung suche, ist heute nur noch in wenigen Gebirgsgegenden, wo auch sonst noch die Weidewirtschaft be-steht, üblich. Sie hat für den Wald unleugbar manche Nach-teile zur Folge. Selbst wenn der Graswuchs zur Ernährung des Viehes ausreicht, verbeißt dieses vielfach die Zweige und Gipfeltriebe, soweit es reichen kann, es schält zumal in der Periode des Zahnens die Rinde ab, und verursacht so sehr schwer heilende Wunden, es lockert durch seinen Tritt die Bodenkrume, so daß an steilen Hängen Abrutschungen, in der Nähe von Quellen Versumpfungen entstehen können. Wird aber eine gar zu große Herde in den Wald getrieben und nicht durch sonstige Fütterung für ausreichende Ernährung gesorgt, so werden die Schäden sehr groß. Besonders gefährlich sind Ziegen und Schafe; die Ziegenweide trägt die Schuld, daß heute die Waldgrenze im Hochgebirge an manchem Ort um mehr als 100 Meter tiefer liegt als in früheren Jahrhunderten. Unsere früheren Betrachtungen haben ja auch gezeigt, daß die Schäden einer übertriebenen Weidenutzung im 18. Jahr-hundert in vielen deutschen Waldungen zutage traten, aber nicht die Erkenntnis derselben führte zum Aufgeben der Waldweide, sondern es bedurfte dazu einer Änderung des landwirtschaft-lichen Betriebs, des Übergangs zur Stallfütterung, der all-gemeiner erst möglich war, nachdem die Erfahrung gelehrt hatte, daß durch ihn eine Steigerung des Milchertrages bewirkt werde, und daß der intensivere Ackerbau die Düngermengen nicht entbehren könne, die bisher nutzlos im Walde verstreut wurden. Begonnen hat dieser Wechsel in der zweiten Hälfte des 18. Jahrhunderts und war bis 1850 in der Hauptsache vollzogen, d. h. die Waldweide war bis dorthin auf die Gebiete im wesentlichen zurückgedrängt, in denen wir sie auch heute noch geübt sehen. Doch hat auch in diesen die Zahl der aufgetriebenen Tiere sich vermindert. Denn immer mehr bricht sich doch die Erkenntnis Bahn, daß der Weidebetrieb wenigstens in den Mittelgebirgen nur für die Jungviehzucht, nicht auch für die Milchwirtschaft vorteilhaft ist. Wird er aber auf jene beschränkt, so werden in den meisten Fällen die eigentlichen Weideflächen ausreichen, der Wald aber ganz oder doch so weit entlastet werden, daß für ihn keine Gefahr mehr besteht. Dagegen kann die Nutzung der Futtergräser des Waldes mit der Sichel in Gegenden, in denen Mangel an landwirtschaftlichem Gelände besteht, auch heute noch sehr wohltätig wirken, indem sie dem Futterbedürfnis der kleinen Leute, deren Besitz nicht zur Haltung einer Kuh oder auch nur Ziege genügt, abhilft. Auf mineralisch armen Boden freilich sollte die Grasgewinnung beschränkt bleiben auf Wege, Holzlagerplätze und ähnliche Stellen, denn mit den Gräsern entnehmen wir dem Walde eine Menge mineralischer Nährstoffe, die sonst dem Boden durch die Verwesung des abgestorbenen Grases wieder zurückgegeben worden wären. Auf kräftigem Boden kann dagegen auch in den Kulturen die Futtergewinnung zugelassen werden, vorausgesetzt, daß die Leute bei dem Sicheln vorsichtig sind und Beschädigungen der Holzpflanzen vermeiden. Besonders wertvoll ist diese Leistung des Waldes in Dürrejahren. So wurden 1893 aus den Staats- und Gemeindewaldungen Württembergs für drei Millionen, aus denen der Reichslande für zwei Millionen Futterstoffe an die Landwirte abgegeben. In solchen Zeiten kann auch die Gewinnung von jungen beblätterten Laubholzzweigen zum Zweck der Verfütterung in frischem oder getrocknetem Zustande als zulässig bezeichnet werden, regelmäßig geübt, verursacht sie erhebliche Zuwachsverluste und führt durch die fortgesetzten Verwundungen leicht zur Fäulnis der Stämme.

War das Aufhören der Waldweide für unsere Forsten im allgemeinen von großem Vorteil, so ist doch nicht zu verkennen, daß infolge davon die viel gefährlichere Streunutzung einen größeren Umfang angenommen hat. Vor dem Dreißigjährigen Kriege ist sie nur in einzelnen Gegenden üblich gewesen, die Verwüstungen, die jener im Gefolge hatte, haben ihr an

manchem anderen Orte Eingang verschafft, aber eine größere
Verbreitung hat sie erst in der Zeit nach 1750 erfahren, als
einerseits die Stallfütterung aufkam und große Mengen Ein=
streumaterial erforderlich machte, während andererseits der Ge=
treidebau durch die ausgedehntere Kultur von Futter= und
Handelsgewächsen eine erhebliche Einschränkung erfuhr. Das
Bedürfnis nach Waldstreu ist dort am größten, wo der land=
wirtschaftliche Besitz sehr zersplittert ist, die großen landwirt=
schaftlichen Betriebe produzieren in der Regel immer noch Stroh
genug, um ohne solche Zuschüsse auskommen zu können. Un=
zweifelhaft könnte auch in den kleinbäuerlichen Wirtschaften
durch zweckmäßigere Einrichtung der Düngerlagerstätten und die
Verwendung von Torf, Holzwolle, Sägemehl und dergleichen
viele Waldstreu entbehrlich gemacht werden, zuzugeben ist aber,
daß viele dieser Betriebe heute ganz auf einen solchen Zuschuß
aus dem Walde eingerichtet sind und ihn in den nächsten Jahr=
zehnten auch nicht entbehren können.

Was die Folgen der Streunuzung für den Wald anbelangt,
so haben wir vier Formen zu unterscheiden. Zunächst die Ge=
winnung von allerlei Unkräutern, als Farne, Ginster, Binsen,
Haidekraut, durch Abschneiden mit der Sichel. Wenn mit diesem
Material auch viele Nährstoffe aus dem Walde geschleppt wer=
den, so ist doch auch in Anrechnung zu bringen, daß die forst=
lichen Kulturpflanzen dadurch von lästigen Konkurrenten befreit
werden. Wird die Nuzung der Unkrautstreu so ausgeführt,
daß Beschädigungen der jungen Bäume ausgeschlossen sind, und
begnügt man sich damit, jede Kultur nur ein= bis zweimal zur
Nuzung heranzuziehen, so kann der Schaden für den Wald nicht
erheblich werden.

Die zweite und wichtigste Form ist die Rechstreu. Man
nimmt dabei die abgefallenen, zum Teil auch schon in Zer=
sezung übergegangenen Blätter und Nadeln, ferner die Moose,
welche sich auf dem Waldboden angesiedelt haben. Es ist dies
das Material, auf das die Landwirte den größten Wert legen,
das aber auch für den Wald von großer Wichtigkeit ist. Wir
sahen bereits früher, daß Blätter und Nadeln zu ihrer Bil=
dung eine verhältnismäßig große Menge von Kalk und Kali=
salzen, von Stickstoff und Phosphorsäure brauchen, die der
Baum mit den Wurzeln dem Boden entnimmt. Wenn sich im
Herbst die Blätter verfärben, wandert ein großer Teil der drei

erſten Nährſtoffe in den Baum zurück, der Reſt und die Kalk=
ſalze bleiben im Blatte, fallen zu Boden und werden, wo die
Natur ungeſtört waltet, durch die Verweſung ausgelöſt, ge=
langen mit dem Regenwaſſer in die tieferen Bodenſchichten und
können nun wieder von den Wurzeln aufgenommen werden.
Der Baum vermag alſo die Bildung ſeiner Blätter mit einer
geringen Menge dieſer Nährſtoffe zu beſtreiten, weil ſie immer
wieder verwendet werden, und da, wie wir auch ſchon ſahen,
der Bedarf für die Holzbildung ebenfalls viel kleiner iſt als
z. B. zur Erzielung einer Getreideernte, ſo erklärt ſich leicht,
daß, wenn dem Walde ſeine Bodendecke erhalten bleibt, durch
die Holznutzung allein keine Erſchöpfung des Bodens eintritt,
daß auch arme Böden dauernd Holz zu liefern vermögen. Wird
aber auf dieſen die Streu immer wieder weggenommen, ſo muß
eine Erſchöpfung eintreten.

Die Bodendecke hat aber auch noch weiter folgende Auf=
gaben. Sie ſchützt den Boden gegen Austrocknung durch Ver=
dunſtung, gegen Verhärtung durch den Schlag der fallenden
Regentropfen, die von der elaſtiſchen Streudecke aufgefangen
werden, ohne ſie aber, wie man an jedem unbearbeitet liegen=
den Stück Land ſehen kann, auch einen urſprünglich lockeren
Boden allmählich ganz feſt und hart ſchlagen. Dadurch, daß
die Streudecke den Boden locker erhält, ſichert ſie den Wurzeln
den Luftzutritt, deſſen ſie zur Atmung bedürfen, und ermöglicht
Regenwürmern und anderen Kleintieren das Leben in den
oberen Bodenſchichten, die dann durch ihre Wühlarbeit auch
wieder die Lockerheit des Bodens erhöhen. Sie ſelbſt unter=
liegt aber fortwährend der Verweſung, und die dabei ſich ab=
ſpielenden chemiſchen Prozeſſe begünſtigen auch die Verwitterung
der Geſteinstrümmer im Bereich der Baumwurzeln. Gerade
dieſe chemiſchen und phyſikaliſchen Wirkungen bedingen für den
Wald den Hauptwert der Streu. Kehrt die Streunutzung in
kurzen Abſtänden — etwa alle ein bis vier Jahre — wieder,
ſo muß ſie auf armen Böden zu einer Erſchöpfung der minera=
liſchen Nährſtoffe und zu einer Verſchlechterung der phyſika=
liſchen Wuchsbedingungen führen, ſie nötigt, immer anſpruchs=
loſere Holzarten zu wählen, und ſchließlich werden auch dieſe
verſagen. Auf kräftigen Böden iſt jene zweite Folge die Ur=
ſache, daß die Bäume vorzeitig abſterben und die Wiederkultur
koſtſpieliger wird. Wir ſahen ſchon, wie das Vordringen der

Nadelhölzer durch die Streunutzung begünstigt worden ist, so mögen folgende weiteren Belege genügen. Nach Schwappach wird der in den Staatswaldungen der Regierungsbezirke Oberfranken, Mittelfranken und Oberpfalz durch die Streunutzung verursachte Zuwachsausfall für die Staatswaldungen auf 3½ Millionen Mark geschätzt. Auf der Landesausstellung zu Nürnberg 1906 führte die bayrische Staatsforstverwaltung die Beweise dafür vor, daß von zwei gleich gelegenen 80jährigen Fichtenbeständen der von der Streunutzung verschonte 735 cbm Holz pro Hektar, der ihr rücksichtslos unterworfene nur 235 cbm enthielt.

Aber es gibt auch Fälle, in denen die Rechstreu ohne Schaden, einzelne, in denen sie sogar zum Vorteil des Waldes gewonnen werden kann. Zunächst ist selbstverständlich die Wegnahme alles Laubes von Wegen, Holzlagerplätzen usw. unbedenklich. Weiter finden wir häufig Stellen im Walde, an die der Wind das Laub in großen Massen zusammentreibt, wo es dann zwecklos verfault, ja sogar zur Bildung von Rohhumusschichten führen kann, die dem Baumwuchs nachteilig sind und entfernt werden müssen, wenn eine neue Kultur eintreten soll. Nicht vorteilhaft für den Wald, aber wenn es die Lage der Landwirtschaft treibenden Bevölkerung dringend erheischt, zulässig ist auf guten und mittleren Böden eine Rechstreunutzung, die erst beginnt, nachdem die Bäume ihr Längenwachstum in der Hauptsache vollendet haben, also etwa nach dem 50. Jahre, und 10 Jahre vor der Verjüngung des Bestandes aufhört, damit der Boden für die neue Waldgeneration wieder Kräfte sammeln kann, und die endlich auch nur alle 8—10 Jahre an die gleiche Stelle wiederkehrt. Das Moos vermehrt die wasserhaltende Kraft des Bodens und begünstigt die Umsetzung der vorhandenen Nährstoffe, seine Nutzung ist zudem nicht möglich ohne Laub und Nadeln mitzunehmen, es gelten daher für es die gleichen Sätze wie für die Laubstreu. Eine Ausnahme machen dichte, ausgedehnte Moospolster, von Polytrichum- und Leucobryumarten, die keine Niederschläge in den Boden dringen lassen und die natürliche Verjüngung vereiteln, ihre Wegnahme wird dem Walde nur nützen.

Die dritte Form, die Plaggenstreu besteht in dem sich in lichten Wäldern einstellenden Beer- und Haidekraut, das mitsamt den Wurzeln mit Hacken losgehauen wird. In dem Wurzelfilze sitzt aber auch die oberste nahrungsreiche Erdschicht.

Darum ist diese Art der Streunutzung dem Walde besonders gefährlich. Hauptsächlich in den Alpenländern finden wir dann die letzte Form verbreitet, bei der benadelte Äste zur Einstreu dienen. Beschränkt sich die Nutzung auf das an gefällten Stämmen zu gewinnende Material, so ist sie selbstverständlich ganz unschädlich. Aber in vielen Gegenden werden zum Zwecke der Streugewinnung die alten Bäume alle paar Jahre bis hoch hinauf ihrer Äste beraubt, was natürlich ihre Wuchskraft sehr schwächt und den parasitären Pilzen viele Wundstellen zur An= siedelung darbietet. Zudem tritt unter dem verlichteten Kronen= dach häufig eine Bodenverwilderung ein, holzige Unkräuter breiten sich aus und verhindern jede natürliche Ansamung.

In feuchten Waldungen sind oft große Flächen überzogen von einer Rindgrasart — Carex brizoides — die zwar nicht zur Ernährung von Tieren tauglich ist, aber ein geeignetes Material liefert, um das aus dem Meere stammende, ziemlich teure Seegras zu ersetzen und wie dieses zur Füllung von Matratzen, Polstern, zur Verpackung und ähnlichen Zwecken zu dienen. Es wird daher auch selbst meist Seegras genannt. Seine Gewinnung erfolgt durch Rupfen und liefert oft erheb= liche Erträge, zehrt aber stark am Nährstoffvorrat des Bodens.

Von verschiedenen Nadelhölzern gewinnt man das in ihrem Stamm enthaltene Harz, in dem man diesen anschneidet oder an= bohrt. Am gebräuchlichsten war früher in Deutschland die Harzgewinnung an der Fichte. Dabei wurden in älteren Stämmen senkrechte Einschnitte von ca. 5 cm Breite und $1—1^{1}/_{2}$ m Länge gemacht, die unten spitz zuliefen. Das Harz, das an den Wundrändern austrat, wurde mit Eisen abgekratzt und diese dabei frisch aufgerissen, um neuen Harzausfluß hervorzurufen. Da an den Wundstellen kein Dickenwachstum mehr möglich ist, nehmen die geharzten Bäume allmählich eine ganz un= regelmäßige Stammform an, die die Verwendung des unteren Stückes zu Brettern und Balken unmöglich macht, außerdem leiden sie viel unter Fäulnis. Die Nutzung ist also mit einem ziemlich großen Wertverluste verbunden, der, sobald das Holz selbst wertvoller geworden war, auch durch den Erlös aus dem Harze nicht mehr ausgeglichen werden konnte. Das Harz dient zur Darstellung von Terpentin, von Firnissen, Pech und Kien= ruß. Bis zur Mitte des vorigen Jahrhunderts war die Harz= nutzung in unseren Nadelholzgebieten eine sehr verbreitete, seitdem ist sie fast ganz verschwunden, weil Harz und Pech aus Amerika, Japan und Frankreich viel billiger geliefert werden.

Neben dem Wert des Holzes tritt heute der der Neben= nutzungen ganz zurück, ihr Jahresertrag darf vielleicht zu 20 Millionen veranschlagt werden.

Der jährliche Reinertrag der deutschen Waldungen kann nicht mit Genauigkeit angegeben werden, da aus den meisten Gemeinde= und Privatwaldungen keine Mitteilungen vorliegen. In den Forsten der größeren deutschen Bundesstaaten wurde nach Endres 1895/99 eine durchschnittliche Reineinnahme von 19 Mark pro Hektar erzielt. Legen wir diese zugrunde, so be= rechnet sich der Reinertrag des deutschen Waldes im ganzen auf 266 Millionen. Sein Kapitalwert bei Unterstellung von 3% Zins also auf rund 9 Milliarden.

Wer je mit offenem Auge für wirtschaftliche Dinge eines unserer Waldgebirge durchwanderte, wird wohl den Eindruck mitgenommen haben, daß hier der Wald die Bevölkerung er= nährt. Im Tal am rauschenden Waldbach ächzen die Gatter der Sägemühlen, deren Bestehen uns oft schon auf weite Ent= fernungen hin der schrille Ton der Kreissägen verrät. Auf den Waldstraßen begegnen uns schwer beladene Fuhrwerke, die die mächtigen Stämme zur Mühle schaffen oder die fertigen Bretter und Balken nach der nächsten Bahnstation verbringen. Von der Höhe der Berge aber sehen wir bald hier bald dort ein Rauchwölkchen sich über die Baumkronen erheben, das uns den Ort verrät, wo die Holzhauer an der Arbeit sind oder ein Köhler seinen Meiler angezündet hat. Nur im Hochsommer, wenn die Heu= und Getreideernte drängt, ist es still und einsam im Forst. Diese innige Beziehung zum Walde hat ja auch dem Charakter der Bevölkerung solcher Gebirge ihren Stempel aufgedrückt, es ist ein Menschenschlag, ernst und schweigsam wie der Hochwald, oft sogar verschlossen, langsam von Entschluß aber zäh in der Verfolgung seiner Pläne, den der leichter be= wegliche Städter selten begreift und oft spöttisch als Hinter= wäldler kennzeichnet.

Suchen wir nun aber einen Überblick über die gesamte Arbeitsmenge zu gewinnen, die die Waldwirtschaft Deutschlands erheischt und so die Bedeutung derselben für die Volksernährung zu ermitteln, so stoßen wir sofort auf eine Schwierigkeit. Sie besteht darin, daß eine solche andauernde Beschäftigung mit der

Waldarbeit eben nur dort üblich ist, wo der Wald weitaus
vorwiegt, während überall da, wo die Landwirtschaft einen
größeren Umfang hat, die meisten Waldarbeiter ebenfalls in ihr
oder einem sonstigen Gewerbe beschäftigt sind, ja die Waldarbeit
meist nur dazu dient, die Pausen auszufüllen, die in der
eigentlichen Berufstätigkeit eintreten. Es ist das möglich, weil,
abgesehen von den Kulturen, die nur im Frühjahr und Herbst,
und dem Schälen der Eichenrinde, das nur, solange der Saft
im Aufsteigen begriffen ist, ausgeführt werden kann, die Wald=
arbeit an keine bestimmte Zeit gebunden ist und sie auch nur
im höheren Gebirge in den Wintermonaten durch starken
Schneefall unmöglich gemacht wird. Sie kann sich also nach
dem Bedürfnisse anderer Berufe richten, und der Verdienst im
Wald kann einem größeren Kreise und in Zeiten, wo er sonst
knapp ist, zugänglich gemacht werden. In industriereichen
Gegenden ist es heute sogar vielfach nur im Winter, in der
Zeit, wo die Bautätigkeit ruht, möglich, die zur Ausführung
der Holzhiebe erforderlichen Arbeiter zu bekommen. Anderer=
seits besteht aber auch aus dem gleichen Grunde für den größeren
Waldbesitz immer die Möglichkeit, durch Verteilung der Arbeiten
einen kleinen Stamm von Leuten ständig zu beschäftigen und
ihn so an den Wald zu fesseln, was aus leicht begreiflichen
Gründen für die Forstwirtschaft sehr vorteilhaft ist.

Wollen wir das Maß von Arbeit feststellen, das ein Hektar
Wald durchschnittlich erfordert, so können wir folgenden Weg
einschlagen. Es ist zunächst die Gesamtsumme der in einem
Forstbetrieb gezahlten Löhne und der durchschnittliche Arbeits=
jahresverdienst eines Arbeiters zu ermitteln und dann die erste
Summe durch diesen zu dividieren So erhalten wir die Zahl
der Arbeiter, die bei ständiger Beschäftigung in dem Betriebe
ihren Verdienst finden könnten, und indem wir nun die Fläche
des Betriebes durch die Zahl dividieren, die Fläche, auf welche
ein ständiger Arbeiter zu rechnen ist. Die Zahl der Arbeits=
tage endlich, die jährlich auf 1 Hektar entfallen, ergibt sich aus
der Division der Arbeitstage eines Jahres (280) durch die auf
den Arbeiter treffende Fläche. Auf diesem Wege hat Heß als
Durchschnitt für das Deutsche Reich 5,5 Arbeitstage für
1 Hektar, d. h. 51 Hektar zur vollen Beschäftigung eines
Arbeiters gefunden. Wie sehr dieses Maß von örtlichen Ver=
hältnissen abhängig ist, zeigen Untersuchungen aus dem Bereich

der preußischen Staatsforsten. Der Durchschnitt für die ganze Monarchie betrug 4,1 Arbeitstage für das Hektar, dabei trafen in der Oberförsterei Chorin 3,9 Tage auf den Hektar, in der benachbarten Freienwalde aber 10,1. Daß im Laufe der Zeit die Arbeitsintensität gestiegen ist, mögen noch folgende Zahlen zeigen. In den badischen Domänenwaldungen entfielen 1878 auf das Hektar 5,1 Tag auf den Arbeiter 54,7 Hektar, 1897 bei wesentlich höheren Löhnen auf das Hektar 5,8 Tage, den Arbeiter 48,3 Hektar.

Auf einem anderen Weg hat Endres ausgehend von den statistischen Mitteilungen über die Arbeiterversicherung für den Ausgang des letzten Jahrhunderts ermittelt, daß in den preußischen Staatsforsten 70—73 Hektar, in den bayrischen 57, in den braunschweigischen 54, in den badischen Domänen= waldungen 53 Hektar auf einen ständig beschäftigten Arbeiter kommen. Nehmen wir nun selbst als Durchschnitt für alle deutschen Waldungen 70 Hektar auf den Arbeiter, so würden 200 000 Leute in ihnen ständigen Verdienst finden können. Da nun 1899 allein in den staatlichen Forstbetrieben nach den Mitteilungen des Reichsversicherungsamtes rund 229 000 Personen als versicherungspflichtige Angestellte oder längere Zeit be= schäftigte Arbeiter angemeldet waren, ist die Annahme berechtigt, daß mindestens 800 000—1 000 000 Leute an der Waldarbeit beteiligt sind und einen Teil ihres Lebensunterhaltes durch sie verdienen.

Vergleichen wir den Arbeitsbedarf der Forstwirtschaft mit dem der Landwirtschaft, so zeigt sich, wie viel arbeitsintensiver diese ist. Denn nach Pabst reichen in ihr schon 3,4 Hektar zur ständigen Beschäftigung eines Arbeiters aus. An leitenden Be= amten einschließlich der Forstwarte (Förster) rechnet man in der Forstwirtschaft einen auf 600 Hektar, in der Landwirtschaft auf 100. Mit dieser leidet die Waldwirtschaft heute unter Arbeiter= mangel, besonders im Osten und Nordwesten des Reiches, und als bedenklichster Umstand mag hervorgehoben werden, daß zwar meist die alten Leute dem Walde treu bleiben, aber der Nachwuchs fehlt. Auf die Mittel, die dagegen anzuwenden sind, kann ich hier nicht eingehen, in der Hauptsache müssen sie in der Verbesserung der wirtschaftlichen Lage der Waldarbeiter bestehen.

Über die Lohnsumme stehen neuere Zahlen leider nicht zu Gebote. Nach Danckelmann wären um 1880 83 Millionen

Mark für Holzhauerei, Holzanbau und Waldwegbauten aus-
gegeben worden. Da inzwischen die Löhne um mindestens 15%
gestiegen sind, wird heute dieser Aufwand ungefähr 100 Millionen
Mark betragen. Noch erheblicher ist der Verdienst, der durch
die Holzabfuhr und die Verarbeitung des deutschen Holzes in
Sägemühlen und Fabriken der verschiebenden Art geschaffen
wird. Ihn dürfen wir auf 450—500 Millionen jährlich ver-
anschlagen, hat doch Ney für die Oberförsterei Schirmeck im
Elsaß allein einen solchen von 1,2 Millionen berechnet.

Hierzu kommt dann noch der Verdienst, der aus dem
Sammeln von Leseholz, von Beeren und Pilzen hervorgeht.
Der Hauptwert dieser Nutzungen liegt darin, daß Arbeitskräfte
Verwendung finden können, die sonst brach lägen. Halb-
invaliden, alte Frauen und Kinder, ohne daß bei den letzteren
die Nachteile einer zu frühzeitigen Beschäftigung zu fürchten
wären. Die Leseholznutzung gibt den ärmeren Bevölkerungs-
schichten die Möglichkeit, ihren Bedarf an Brennmaterial ohne
baren Geldaufwand zu decken. Der Waldeigentümer hat ein
Interesse daran, daß nur die wirklich Bedürftigen zu der Gewinnung von Leseholz zugelassen werden. Denn einmal werden
mit diesem dem Walde nicht unerhebliche Mengen mineralischer
Nährstoffe entführt, weil es sich fast ausschließlich um jüngeres,
d. h. eben an jenen verhältnismäßig reiches Holz handelt.
Zweitens aber wird sonst leicht die Zahl der Liebhaber so groß,
daß das in den leicht zugänglichen Waldteilen vorhandene
Material nicht zur Befriedigung ihrer Ansprüche ausreicht, und
damit wird dann Anlaß zu Übergriffen und Freveln gegeben.
Übrigens wird die Masse Leseholz, welche der Wald zu liefern
vermag, meist unterschätzt, sie beträgt nach Untersuchungen von
Danckelmann 1—1 $\frac{1}{2}$ cbm pro Jahr und Hektar. Genutzt
werden solche Mengen freilich nur in der näheren Umgebung
der Orte, in den entfernteren Waldteilen bleibt dieses Holz liegen
und verfault. Der Ertrag in den deutschen Wäldern wird daher mit 4 Millionen Kubikmeter hoch genug veranschlagt sein.
Als Gebrauchswert darf man für den Kubikmeter etwa 2 Mk.
annehmen.

Volkswirtschaftlich viel wichtiger noch ist die Nutzung der
Waldbeeren, denn durch sie werden sehr erhebliche Verdienste
geschaffen, die, wie gesagt, auch wieder zum großen Teil den
schwächeren Arbeitskräften zufließen. So sind nach Erhebungen

in Pommern von den an dem Sammeln der Heidelbeeren und Preißelbeeren, um die es sich hauptsächlich handelt, beteiligten Personen 47 % nicht voll arbeitsfähig. Zur Beurteilung der Beträge, die hier in Frage kommen, mögen die folgenden Angaben dienen. In der Oberförsterei Sägeberg in Holstein werden 81 000 Mark Sammlerlöhne von den Händlern bezahlt, d. h. 15 Mk. pro Hektar. In der pommerschen Oberförsterei Eggesin je nach dem Beerenertrag 70 000—130 000 Mk. In dem Forst Raubkammer in der Lüneburger Heide beträgt der Wert der Beerennutzung 6000, der der Holznutzung knapp das Doppelte, 12 500 Mk. Auch wenn wir die Waldungen eines größeren Gebietes als ein Ganzes betrachten, bleibt der Wert der Beerennutzung pro Hektar ein recht erheblicher, so im Durchschnitt der Provinz Pommern 6 Mk., während die Summe aller Roheinnahmen aus den preußischen Staatsforsten etwa 32 Mk. pro Hektar beträgt.

Viel bescheidener ist der Verdienst, der mit dem Sammeln der Pilze erzielt wird, die ein noch viel zu wenig geachtetes Nahrungsmittel darstellen. Es mag das seinen Grund haben in der unleugbar vorhandenen Gefahr, durch die Verwechslung eßbarer und giftiger Schwämme schwere Erkrankungen zu verursachen. Doch gibt es auch eine Reihe durchaus ungefährlicher und mit anderen nicht zu verwechselnder Schwämme (Steinpilz, Pfifferling, Hahnenkamm). Es wäre daher eine lohnende Aufgabe für unsere Volksschulen, der Jugend die erforderlichen Kenntnisse zu vermitteln, damit von diesen Gaben der Natur ein reichlicherer Gebrauch gemacht würde.

VI. Kapitel.

Der indirekte Nutzen des Waldes.

Wichtigste Literatur. Wie zum vorigen Kapitel; und weiter: Graner, Forstverwaltung. Weber, Aufgaben der Forstwirtschaft.

Die Frage, ob sich das Klima Deutschlands in den letzten zwei Jahrtausenden geändert habe, ist eine viel erörterte und umstrittene. Man hat sich auf die ungünstigen Schilderungen des deutschen Klimas bei den römischen Schriftstellern berufen, diesen die Tatsache gegenübergestellt, daß wir heute unser Klima ganz erträglich finden. Aber hier darf eben nicht übersehen werden, daß jene als Maßstab die italienischen Verhältnisse benutzten und darum zu dem abfälligen Urteil kamen. Auch finden wir in unserer Pflanzenwelt Zeugen, die gegen eine erhebliche Verbesserung unserer klimatischen Zustände seit der Römerzeit sprechen. Die Rebe stammt aus dem Süden, sie ist, wie der harte Winter 1878/79 gezeigt hat, sehr empfindlich gegen scharfe Winterkälte. Aber doch haben nicht nur die Römer bereits in den Rheinlanden mit Erfolg Weinbau getrieben, so rühmt schon Ausonius den Moselwein, es hat sich sogar die Rebe in unseren Waldungen eingebürgert, sie findet sich hier und da verwildert in den Forsten, die den Rhein von Basel bis Mainz begleiten. Ähnlich erging es der zahmen Kastanie (Castanea vesca); von den Römern als Fruchtbaum angebaut, ist sie heute ein Waldbaum geworden. Ja, sogar der zarte Krokus hat sich am Zabelstein im Schwarzwald erhalten. Wäre das deutsche Klima in früheren Zeiten viel kälter gewesen, so hätten diese Pflanzen nie mit Erfolg gebaut, nie dauernd heimisch werden können.

Doch auch die entgegengesetzte Meinung, daß unser Klima seit dem Mittelalter rauher und ungünstiger geworden sei, wird vielfach vertreten und zum Beweis darauf hingewiesen, daß die Ordensritter in Ost- und Westpreußen Reben gebaut, aus deren Trauben Wein gekeltert und auch getrunken hätten, während heute doch selbst der viel südlicher — in Schlesien — gewachsene Grüneberger eigentlich ungenießbar sei. Dabei wird aber übersehen, daß Eßtrauben noch heute dort in geschützten Lagen gezogen werden, daß die Verkehrsverhältnisse damals den Bezug von Wein aus Süddeutschland, Frankreich oder Italien noch sehr erschwerten und endlich, daß man zu jener Zeit den Wein in der Regel mit Honig und allerlei Gewürz versetzte, so daß auch ein recht saurer Tropfen sehr wohl mundgerecht gemacht werden konnte. Aus der Geschichte lassen sich also nicht wohl Beweise für eine nennenswerte Änderung des Klimas entnehmen, dagegen berechtigen die wissenschaftlichen Beobachtungen des 19. Jahrhunderts zu dem Schlusse, daß periodische Schwankungen eintreten, nasse und trockene, kalte und warme Jahre in einer gewissen Regelmäßigkeit aufeinander folgen. Nur freilich sind wir noch nicht in der Lage, die Länge dieser

Perioden mit Sicherheit zu bestimmen und ihre Ursachen genau zu erkennen. Weiter ist aber auch nicht zu bestreiten, daß das Klima vielfach von örtlichen Verhältnissen bedingt wird, und unter diesen glaubte man dem Walde einen hervorragenden Einfluß zuweisen zu müssen.

Die Temperatur der oberen Bodenschichten und der Atmosphäre ist bekanntlich abhängig von der Wärmezufuhr durch die Sonnenstrahlen und den Verlust durch Ausstrahlung in den Nächten. Ist der Boden mit Pflanzen bewachsen, so kann die Erwärmung nur viel langsamer vor sich gehen, als wenn er bloß liegt, weil die Pflanzen schlechtere Wärmeleiter sind, sich also nur langsamer erwärmen als der Boden, weil sie ihn ferner gegen die direkte Bestrahlung schützen und durch Überschirmung die Abgabe von Wärme an die Luft vermindern. Im Kleinen wirken auch die Lebensprozesse der Pflanze ausgleichend (Verdunstung und Assimilation bedürfen Wärme, die Atmung liefert solche).

Es muß also jede Vegetation die Extreme der Lufttemperaturen — Hitze wie Kälte — ermäßigen, auf sie ausgleichend wirken. Vom Walde aber darf man annehmen, daß er in höherem Grade als jede andere Vegetationsform diese Eigenschaft besitze, denn in ihm sind die größten Pflanzenmengen vereinigt, hier erreichen sie die bedeutendsten Höhen. Die Luftschichten, welche mit der Vegetation in Berührung kommen, sind im Walde 20, 30 und mehr Meter hoch, auf Wiese und Acker aber nur wenige Zentimeter bis allenfalls einen Meter, und der Wald bleibt durch lange Zeiten hindurch bestehen, während bei dem Felde doch meist alle halbe Jahre eine völlige Bloßlegung des Bodens durch die Ernte eintritt.

Die Ergebnisse der wissenschaftlichen Beobachtungen haben insofern eine Enttäuschung gebracht, als sie zeigten, daß der Einfluß des Waldes auf die Lufttemperatur jedenfalls nur ein kleiner ist, und daß von einer erwiesenen Einwirkung auf die fernere Umgebung nach dem heutigen Stand unseres Wissens kaum geredet werden kann. Und doch muß eine solche gefordert werden, wenn der Wald wirklich Bedeutung für das Klima eines ganzen Landes haben soll. Andererseits ist es auch nicht berechtigt, jeden Einfluß des Waldes zu leugnen, wie von mancher Seite geschieht. Zum Beweis möchte ich hier die neuesten von Schubert mitgeteilten Zahlen anführen. Sie geben zweijährige Mittelwerte und lassen auch den Einfluß verschiedener

Holzarten erkennen. Die Lufttemperatur im Walde war gegen=
über der über dem freien Felde um die angegebenen Beträge
niedriger (—) oder höher (+).

Monat	Kiefernwald	Fichtenwald	Buchenwald
Januar	+ 0,1	+ 0,3	+ 0,1
Februar	—	+ 0,1	—
März	—	— 0,1	+ 0,1
April	—	— 0,3	+ 0,1
Mai	— 0,1	— 0,2	— 0,1
Juni	— 0,2	— 0,2	— 0,4
Juli	— 0,2	— 0,3	— 0,5
August	— 0,2	— 0,2	— 0,4
September	— 0,1	— 0,2	— 0,3
Oktober	—	—	—
November	—	+ 0,1	—
Dezember	+ 0,1	+ 0,2	+ 0,2

Der Einfluß des Waldes ist also während der Vegetations=
zeit — Mai bis September — am größten, im Herbst und
Frühling gering, auch im Winter nur sehr bescheiden. Verfolgt
man den Gang der Lufttemperatur an einem Tage in Wald
und Feld, so tritt die Einwirkung des ersteren deutlicher hervor.
Die Temperaturextreme liegen im Walde nicht so weit auseinander
wie im Felde. Und gerade die Extreme, nicht die Mittelwerte
sind für die Vegetation — z. B. die Möglichkeit des Anbaues
mancher Gewächse — ausschlaggebend. Nun haben die umfassen=
den Untersuchungen von Müttrich folgende mittleren Unterschiede
zwischen der höchsten und niedersten Tagestemperatur ergeben.

Monat	Feld	Wald	Differenz
Januar	6,2	4,9	1,3
Februar	6,8	5,4	1,4
März	8,6	7,2	1,4
April	10,7	9,2	1,5
Mai	12,4	10,1	2,3
Juni	12,8	10,0	2,8
Juli	12,1	8,5	3,6
August	11,8	8,1	3,7
September	10,8	7,3	3,5
Oktober	7,4	5,4	2,0
November	5,9	4,7	1,2
Dezember	5,4	4,3	1,1

Im Jahresmittel beträgt die Differenz der Unterschiede 2,1°, für die Vegetationsperiode 3,2°.

Das Ergebnis seiner langjährigen Forschungen hat Müttrich 1900 in dem Satze zusammengefaßt: „In allen Monaten ist die Lufttemperatur auf der Feldstation in den ersten Morgenstunden geringer als auf der Waldstation, übertrifft sie in den mittleren Tagesstunden und sinkt am Abend und in der Nacht wieder darunter".

Die Fernwirkung des Waldes scheint nach den vorliegenden Beobachtungsergebnissen, wie gesagt, verschwindend gering, nur in vertikaler Richtung ist sie vielleicht erheblicher. Denn bei Luftballonfahrten wurde die Beobachtung gemacht, daß beim Überfliegen großer Waldmassen eine Abkühlung eintrtit, die ein Sinken des Ballons bewirkt und den Auswurf beträchtlicher Ballastmengen notwendig macht. Die Höhe, bis zu der diese Abkühlung reicht, wechselt mit der Größe des Waldes und vielleicht auch mit der Höhe der Berge; über dem Walde von Orleans wurde sie noch bei 1000 m beobachtet.

Weitere Untersuchungen über diese Erscheinung müssen noch abgewartet werden, ehe eine Erklärung versucht und ein Urteil über ihre Bedeutung für das Klima gewonnen werden kann, wie überhaupt die ganze Frage noch nicht als abgeschlossen betrachtet werden darf. Denn die bisherigen Untersuchungen sind in relativ waldreichen Gegenden gemacht worden, sie können uns daher auch nur zu dem Schlusse berechtigen, daß in diesen eine kleine Verminderung oder Vermehrung der Waldfläche für das Klima belanglos ist. Auf sie gestützt aber behaupten zu wollen, es sei ganz gleichgültig, ob ein Land Wald besitzt oder nicht, wäre voreilig. Dazu müßten Beobachtungen in zwei sonst gleichartigen, umfangreicheren Gebieten gemacht werden, von denen das eine waldlos, das andere waldreich wäre, und solche Vergleichsflächen fehlen uns eben noch. Die Tatsache, daß das Klima der waldarmen Steppen viel schroffere Temperaturextreme aufweist als das waldreicher Länder, wird ja in erster Linie durch ihre allgemeine geographische Lage bedingt sein. Aber der Beweis ist nicht erbracht, daß das Fehlen des Waldes nicht auch dazu beitrage, vielmehr darf dies immer noch als wahrscheinlich bezeichnet werden.

Nächst der Wärme ist die Luftfeuchtigkeit der wichtigste klimatische Faktor, ich verweise da nur auf die früher be=

sprochene Tatsache, daß die Existenz des Waldes abhängig ist
von einem Minimum der Luftfeuchtigkeit und der Niederschläge.
Zu unterscheiden ist die absolute und die relative Luftfeuchtigkeit.
Die erstere, d. h. der Gehalt der Luft an Wasserdampf, ist nach
den Beobachtungen in Deutschland bald im Walde, bald im
Felde größer. Die relative Luftfeuchtigkeit gibt uns das Ver=
hältnis an zwischen der in der Luft tatsächlich enthaltenen
Menge Wasserdampf und dem Maximum, das die Luft bei den
herrschenden Temperatur= und Druckverhältnissen aufnehmen
könnte. Dieses Maximum steigt bekanntlich mit zunehmender
Wärme sehr an. Da nun die Temperatur der Luft während
der Vegetationszeit im Walde niedriger ist als im Felde, so ist
es erklärlich, daß die relative Luftfeuchtigkeit in jenem während
der Sommermonate größer ist als in diesem. Im Winter
verschwindet der Unterschied zwischen Wald und Feld fast ganz,
im Jahresmittel beträgt er nach Weber mindestens 3 und
höchstens 10%.

Eine Folge der höheren relativen Luftfeuchtigkeit des
Waldes ist die langsamere Verdunstung der Bodenfeuchtigkeit,
die daher dem Pflanzenwuchs mehr zugute kommt. Außerdem
wird die Sättigung der Luft mit Wasserdampf im Walde früher
und häufiger eintreten als im Felde, die Tauniederschläge sind
daher reichlicher, und zwar nicht nur im Walde selbst, sondern
auch in dessen nächster Umgebung, weil bei windstillem Wetter
ein langsamer Luftaustausch zwischen Wald und Feld stattfindet
und die aus jenem heraustretende Luft ihren Überschuß an
Wasser dann auch an dieses abgibt. Darauf beruht es, daß in
Ungarn durch die Anlage von Feldhecken in trockenen Gegenden
eine Steigerung des Wiesenertrages erzielt worden ist. Auch
in den südrussischen Steppen sind Aufforstungen zu diesem
Zwecke vorgenommen worden. Eine sehr beträchtliche Ver=
mehrung der Tauniederschläge können wir im Walde an nebligen
Herbst= und Wintertagen beobachten. Während draußen der
Boden kaum benetzt, ja häufig nicht einmal der Staub gelöscht
wird, sind im Walde Stämme und Zweige mit dünnen Wasser=
schichten überzogen, die auch die Steine und Moose des Bodens
einhüllen. Hier ist es die Vermehrung der Oberfläche durch
die Bäume und ihre Kronen, welche den starken Niederschlag
hervorruft, denn dieser entsteht, wenn die mit Feuchtigkeit ge=
sättigte Luft mit kälteren Gegenständen in Berührung kommt.

Manchmal sind die ausgeschiedenen Wassermengen so groß, daß sie in Tropfen von den Bäumen fallen, es regnet dann im Walde, nicht aber auf dem angrenzenden Felde, in der Regel freilich bilden sich nur kleine Rinnsale, die am Stamme herniederfließen. Bei Temperaturen unter 0° entstehen auf die gleiche Weise Überzüge von Eiskristallen, die unter Umständen eine solche Mächtigkeit erlangen können, daß Zweige und Äste unter der Last brechen.

Auf die Regenmenge eines Landes hat die Bewaldung wenigstens in unseren Breiten keinen großen Einfluß. Die Wolken, welche uns den Regen bringen, ziehen meist in Höhen von über 1000 m dahin, daher ist es auch gar nicht wahrscheinlich, daß die höhere relative Luftfeuchtigkeit des Waldes auf sie einen Einfluß ausüben könnte. Eher wäre das möglich von der Abkühlung, die, wie wir sahen, die oberen Luftschichten über großen Waldungen erleiden. Aber auch dieser Einfluß wird jedenfalls ganz zurücktreten gegenüber den für die Regenmenge ausschlaggebenden Faktoren, der herrschenden Windrichtung und der Höhenlage des einzelnen Ortes. Regen können im allgemeinen nur die Winde bringen, welche vom Meere kommen, die Luft, welche schon einen weiten Weg über festes Land zurückgelegt hat, hat meist ihren Wasserdampf bereits verloren.

Sehr wichtig ist es aber, ob in der Richtung gegen das Meer höhere Gebirge vorgelagert sind oder nicht. Denn am Gebirge muß die Luft in die Höhe steigen, dabei wird sie abgekühlt und gibt daher einen Teil ihres Wasserdampfes als Regen ab. Je höher ein Ort gelegen ist, um so stärker ist natürlich die Abkühlung der Luft und um so größer infolge davon die Niederschlagsmenge. Hat die Luft aber den Gebirgskamm überstiegen und sinkt nun wieder herab, so ist sie wasserdampfarm, und da sie sich überdies beim Sinken erwärmt, wird auch die relative Luftfeuchtigkeit geringer. So kommt es, daß in Deutschland auf der Westseite der Gebirge viel mehr Regen und Schnee fallen als auf der Ostseite.

Der Behauptung, daß der Wald die Regenmenge nur wenig beeinflusse, widerspricht scheinbar die Erfahrung, daß, nachdem es sich auf dem Felde ausgeregnet hat, sich oft über dem Walde dichte Nebelmassen zusammenballen, der Wald „dampft" und dann über dem Wald und dem angrenzenden Gelände ein zweiter Regenfall eintritt. Man nennt diese Erscheinung Nachregen. Sie beruht darauf, daß im Walde die Regentropfen zunächst an Blättern und Zweigen hängen bleiben und hier zum Teil wieder verdunsten. Dadurch wird dann die Luft über dem Walde wieder mit Wasserdampf gesättigt, und es bedarf nur einer kleinen Abkühlung, um von neuem die Ausscheidung von Wassertröpfchen, d. h. die Nebelbildung und durch deren Verdichtung den Regen zu veranlassen. Von einer Vermehrung der Niederschläge kann aber nicht die Rede sein, es ist lediglich das gleiche Wasser, das zweimal herabfällt.

Auf mechanische Weise vermag dagegen der Wald wenigstens örtlich eine Vermehrung des Regens zu bewirken. Dies beruht darauf, daß der Wald den Wind bricht und die Bewegung der Luft verlangsamt, wodurch die Abscheidung der Regentropfen erleichtert wird. Daß dieser Vorgang im Gebirge, wo die Wälder bis in die Wolkenregion hineinragen, eine bedeutende Vermehrung der Niederschläge bewirken kann (nach Weber bis zu 84%), ist leicht erklärlich. Es konnte aber eine solche Aussiebung, wie die Meteorologen den Vorgang nennen, auch in der Ebene (z. B. in der Lüneburger Heide) festgestellt werden. Dort hat sich infolge der ausgedehnten, in den letzten 40 Jahren ausgeführten Aufforstungen die Regenmenge um 6% vermehrt.

Die Erklärung kann wohl darin gefunden werden, daß bei Regenwetter nicht nur die eigentlichen Regenwolken, sondern auch die darunter befindlichen Luftschichten mit Wasserdampf überladen sind, so daß die Verlangsamung, welche ihr unterster Teil durch die Reibung an den Baumkronen erfährt, eine Ausscheidung von Regentropfen bewirken kann. Es ist also im wesentlichen der gleiche Vorgang wie die Vermehrung der Tau und Reifbildung in der kalten Jahreszeit. Hellwald hat durch Beobachtungen in der Umgebung des Grunewald den Nachweis erbracht, daß der Vermehrung der Niederschläge im Walde eine entsprechende Verminderung in dem hinter dem Walde gelegenen Gebiete entspricht. Die Aussiebung führt also nicht zur Vermehrung der Niederschlagsmenge eines ganzen Landes, sondern lediglich zu einer anderen Verteilung der Regenfälle. Der Einfluß des Waldes ist also jedenfalls nur ein sehr kleiner.

Die Bedeutung des Waldes für die Entstehung von Gewittern und Hagelschlag ist früher jedenfalls überschätzt worden, während sie heute entweder ganz bestritten oder doch als sehr geringfügig bezeichnet wird. Auch hier ist zu bedenken, daß die

Gewitterwolken in solcher Höhe daherziehen, daß der Wald jedenfalls nur dann einen merkbaren Einfluß ausüben könnte, wenn er im Zusammenhange ausgedehnte Flächen bedeckte. Dann würden die aus der Ferne kommenden Gewitter sich über dem Walde entladen, die Entstehung neuer großer elektrischer Spannungen aber infolge der Abstumpfung der Temperaturextreme erschwert sein, und so ließe sich auch die Beobachtung erklären, welche amerikanische Gelehrte gemacht haben wollen, daß mit der fortschreitenden Entwaldung der Union die Wirbelstürme und Gewitter zahlreicher und schwerer geworden seien.

Einen wohltätigen Einfluß übt der Wald auf heftige Winde aus, er bricht sie und lenkt sie von dem dahinter liegenden Gelände ab. Nach Beobachtungen und Messungen, die Weise angestellt hat, haben wir uns den Vorgang folgendermaßen zu erklären. Wenn der Wind sich erhebt, treibt er die bisher ruhenden Luftschichten vor sich her. Auf freiem Felde kann das ungehindert vor sich gehen, steht aber ein Wald in der Windrichtung, so vermag die Luft nicht rasch genug auszuweichen, weil sie nur durch die Lücken zwischen den Stämmen und Zweigen passieren kann. Es entsteht so vor dem Wald eine Schicht erhöhten Druckes, und diese weist den nachfolgenden Luftmassen den Weg in die Höhe. Der aufsteigende Luftstrom trifft über den Kronen der Bäume mit dem unabgelenkten Winde zusammen, die beiden vereinigen sich, erfahren aber wegen der verschiedenen Richtung eine Reibung, die zur Verminderung der Geschwindigkeit und damit der Windstärke führen muß. Ebenso erfahren sie an dem Kronendach eine Reibung, die ihre Kraft schwächt. Am Ende des Waldes fällt dann der Wind allmählich wieder zu Boden, aber auf eine ziemliche Strecke genießt das hinter dem Walde gelegene Land doch den Schutz gegen den Wind. Bei starken Stürmen freilich werden auch ganze Wälder umgeworfen, hier versagt also die Schutzwirkung. Dagegen kann es häufig für Äcker und anderes Kulturgelände von großem Wert sein, daß kalte Winde in dieser Weise abgelenkt werden. So sind in den großen ebenen Gebieten Westfrankreichs und ebenso in Westfalen und dem nördlichen Hannover die zerstreut liegenden Bauerngehöfte von einem Kranz alter Bäume umgeben, der gegen die kalten, vom Meere her kommenden Nordwestwinde schützen soll. In vielen

Teilen dieser Gebiete ist die Obstzucht nur hinter solchen Waldgürteln möglich. Doch auch in unseren Gebirgen sind ähnliche Verhältnisse nicht selten, auf Äckern die hinter dem Walde liegen, wintert das Korn seltener aus als auf den ungeschützten, schon weil dort der Schnee liegen bleibt, während ihn der Wind von diesen wegfegt. Auch ist die austrocknende Wirkung des Windes eine kleinere, wenn er vorher durch und über Wald wehte, die feuchte Waldluft mitnahm und an Geschwindigkeit verlor, denn mit dieser wächst ja bekanntlich die Verdunstung. So klagt die auf dem südlichen Schwarzwald gelegene Gemeinde Engelschwand darüber, daß seit der Entwaldung der benachbarten Gugelberge die Winter viel härter geworden seien, daß insbesondere die Getreidesaaten vielmehr litten als früher, und es ist daher die Wiederaufforstung jener Berge von der Regierung in Angriff genommen worden. Dies Beispiel zeigt auch die Hauptschwierigkeit der ganzen Frage, inwiefern der Wald das Klima beeinflußt. Die erkennbaren und meßbaren Wirkungen sind, solange wir vorhandene Waldungen mit dem freien Felde vergleichen, oft sehr klein, und doch vermögen wir nicht zu sagen, wie sich die Dinge gestalten werden, wenn der Wald verschwunden ist.

Nächst dem Klima ist die Verteilung des Wassers auf der Erdoberfläche, die Bildung von Quellen und die Regelung der Wasserstände unserer Bäche und Flüsse für die Bewohnbarkeit der Länder sehr wichtig. Auch auf sie übt die Bewaldung einen Einfluß aus. Wir haben gesehen, daß über dem Walde infolge der Aussiebung mehr Regen fällt als im freien Felde. Betrachten wir nun einmal das weitere Schicksal der auf den Wald gefallenen Regenmengen. Die Tropfen bleiben zunächst einige Zeit an den Zweigen, Blättern und Nadeln der Baumkronen hängen und erleiden hier einen Verlust durch Verdunstung, der, wie wir sahen, die Ursache des Nachregens ist. Genaue Zahlenangaben über seine Größe sind nicht möglich, doch haben Untersuchungen von Ebermayer gezeigt, wie hoch sie jedenfalls nicht sein kann. Er fand durch Aufstellung von Regenmessern im Felde und im Wald, daß durchschnittlich 26% weniger Regen auf den Waldboden niederfällt als im Freien. Diese Zahl ist aber jedenfalls höher als der tatsächliche Verlust. Denn in den Regenmessern können wir nur jene Regenmengen auffangen, die als Tropfen herabfielen. Nun sammelt sich aber,

wenn die Zweige erst einmal naß geworden sind, an diesen ein
erheblicher Teil des Wassers, fließt an ihnen herab, vereinigt
sich an den Ästen und Stämmen zu kleinen Rinnsalen, die
diesen folgend direkt auf den Boden gelangen. Riegler legte
um den Stamm einer alten Buche, die 79 Quadratmeter über-
schirmte, eine eng anschließende Blechrinne und fing so während
eines einzigen Regens 1200 Liter Wasser auf. Es entspricht das
einer Regenhöhe von 15 mm. So groß wird nun freilich der
Teil des Wassers, der seinen Weg am Stamm herunter nimmt,
nicht immer sein, bei stürmischem Wetter werden mehr Tropfen
von den Zweigen abgeschüttelt und fallen direkt auf den Boden
als bei ruhigem. Von dem heruntergeflossenen Wasser vermag
ein Teil wenigstens den Wurzeln folgend in die tieferen Bodenschichten einzudringen. Die herunterfallenden Regentropfen
kommen auf die Bodendecke und stoßen hier, falls diese sie nicht
sofort aufsaugen kann, selbst an steilen Bergwänden auf viele
den Abfluß hindernde Unebenheiten. Denn der mit Streu bedeckte Boden bildet keine glatte Fläche, hinter jeder Wurzel und
jedem Stein entstehen kleine Vertiefungen, in denen das Wasser
sich sammeln und stehen bleiben muß, wodurch das Eindringen
in den Boden sehr erleichtert wird. Die hohe relative Feuchtigkeit der Waldluft schützt das auf dem Waldboden stehende
Wasser gegen große Verdunstungsverluste. Hat doch Ebermayer durch Versuche, bei denen er flache, mit Wasser gefüllte
Schalen im Wald und Feld aufstellte, nachgewiesen, daß in
jenem nur ein bis zwei Zehntel der Wassermenge verdunsten,
die in der gleichen Zeit in diesem sich in Dampf verwandeln.
Die Zeit, innerhalb deren das Regenwasser in den Boden eindringen muß, wenn es ihm nicht verloren gehen soll, ist also
im Walde eine viel längere. Nun besitzt ja seine normale
Bodendecke in sehr hohem Grade die Fähigkeit, Wasser aufzu-
saugen, die aus Nadeln bestehende Streu kann das Vier- bis
Fünffache, die Laubstreu das Siebenfache, Moosstreu gar das
Sechs- bis Zehnfache ihres Gewichtes aufnehmen. Wenn aber
die Bodendecke infolge einer vorhergegangenen langen Dürre-
periode vollkommen ausgetrocknet war, so dauert es einige Zeit,
bis ihre Aufnahmefähigkeit wieder hergestellt ist. Hat sie sich
völlig mit Wasser vollgesogen, so läßt sie den Überschuß allmählich in den Boden hinuntersickern, aber auch dieser Vorgang bedarf einiger Zeit. Aus beiden Gründen ist es wichtig,

daß Abfluß und Verdunstung verlangsamt sind, die Ausnützung der Niederschläge durch den Waldboden wird dadurch begünstigt. Vergleichen wir damit die Verhältnisse im Feld und auf den Wiesen. In der Ebene wird das Regenwasser auf dem Felde, soweit es nicht sofort in den Boden eindringen kann, sich in Pfützen sammeln, stehen bleiben und zum großen Teile wieder verdunsten. Liegen die Äcker aber geneigt, so fließt dieser Überschuß sofort zu Tal und gelangt in die Bäche und Flüsse. Die Wiesen mit ihrer dichten Grasnarbe stellen zwar auch dem oberflächlichen Wasserabflusse große Hindernisse entgegen, aber noch mehr fast dem Eindringen des Wassers in den Boden, da die Wurzeln des Grases ein dichtes Gewebe bilden. So kommt es, daß auf den Wiesen in ebenen wie geneigten Lagen der Verlust durch Verdunstung sehr erheblich ist, während an steilen Hängen doch immer noch ein großer Bruchteil zum Abfluß kommt. Nach den Untersuchungen von Wang dürfen wir annehmen, daß dem Boden im Walde mindestens die doppelte Wassermasse aus den Niederschlägen zugute kommt als im Felde. Übrigens verhalten sich auch die verschiedenen Regen nicht gleich. Bei Sprühregen wird wohl alles Wasser von der Bodendecke aufgenommen, bei Schlagregen und Wolkenbrüchen fließt der größte Teil ab, am günstigsten für die Bodenfeuchtigkeit sind anhaltende Landregen. Zu dem Mehr, das der Waldboden aus dem Regen erhält, tritt noch der verstärkte Tauniederschlag hinzu, ferner ist auch der Umstand vorteilhaft, daß die Schneeschmelze im Walde sich meist langsamer vollzieht als im Felde, daß also auch die Schmelzwasser viel besser vom Boden aufgenommen werden können.

Von Wichtigkeit ist endlich, daß die direkte Verdunstung der Bodenfeuchtigkeit im Walde geringer ist als im Felde. Diese Wasserabgabe geschieht durch die Bodenporen, in denen auch ein Aufsteigen von Wasser aus dem Untergrund stattfindet. Im Walde hindert die natürliche Bodendecke die direkte Verbindung zwischen Atmosphäre und Boden, die Verdunstung ist daher viel kleiner. Nehmen wir an einem klaren, frischen Herbstmorgen ein abgefallenes Blatt vom Wege auf, so werden wir auf diesem meist die Blattform sich durch die dunkle Färbung deutlich von der Umgebung abheben sehen und auf der Blattunterseite sitzen oft noch einzelne Tautropfen. Selbst eine so dünne Schicht setzt also die Verdunstung schon wesentlich herab.

Freilich all diese günstigen Eigenschaften zeigt der Waldboden nur dann, wenn ihm die Streudecke erhalten blieb, wird diese in kurzen Fristen, etwa gar jährlich, entfernt, so verhärtet der Boden, auch im Walde fließt ein großer Teil des Regens oberirdisch zu Tal, und die Abgabe durch Verdunstung ist bedeutend.

Der Waldboden wird also im allgemeinen mehr Wasser erhalten und daher auch mehr in den Untergrund gelangen lassen können als der Boden des freien Feldes. Diese Sickerwässer aber sind es, die den unter der Erde fließenden Grundwasserstrom bilden und als Quellen zutage treten. Nachteilig dagegen ist der Quellenbildung der hohe Wasserbedarf der Waldbäume, der den der meisten anderen Kulturarten übertrifft, wenn er auch nicht die ganze Niederschlagsmenge unserer Breiten beansprucht. Immerhin ist sicher, daß in manchen Verhältnissen die Bewaldung direkt zu einer Entwässerung des Bodens führt.

Wollen wir die Bedeutung des Waldes für die Quellenbildung richtig beurteilen, so müssen wir zunächst bedenken, daß ausschlaggebend der geologische Bau der Gegend ist, daß wenigstens ergiebige, nachhaltige Quellen nur entstehen können, wenn eine wasserundurchlässige Schicht in größerer Ausdehnung von durchlässigen überlagert wird. Dann werden die durch diese hindurchsickernden Wasser sich auf jenen sammeln, und wo sie zutage tritt, wird eine Quelle erscheinen. Sie bildet einen Quellenhorizont. Maßgebend ist aber auch das Streichen der undurchlässigen Schicht, liegt sie nicht horizontal, so fließt das Wasser auf ihr ab, es entsteht ein Grundwasserstrom. Es kann daher auch eine Quelle ganz weit von dem Gebiet entstehen, in dem die Hauptmenge des ihr zufließenden Regenwassers fällt. Wo diese geologischen Faktoren der Quellenbildung ungünstig sind, wird auch reichliche Bewaldung sie nicht hervorrufen können.

Von mancher Seite wird aber heute dem Wald überhaupt jeder günstige Einfluß auf die Quellenbildung bestritten, ja mit Berufung auf den hohen Wasserbedarf der Bäume die Bewaldung sogar als nachteilig bezeichnet. Untersuchungen von Ebermayer, Mary Davy und anderen haben gezeigt, daß im Walde die oberen Bodenschichten wasserhaltiger sind als im freien Felde, die unteren aber trockener, und daß im Walde und auf beraften Flächen ein kleinerer Teil des überhaupt einfickernden Waffers in die tieferen Regionen bringt als auf nacktem Boden. Auch die Beobachtung, daß gelegentlich nach dem Abtrieb eines alten Bestandes Versumpfung eintritt und erst verschwindet, nachdem die neue Kultur sich geschloffen hat, ein Schickjal dem nach Leythäuser im Bayrischen Walde über tausend Hektar verfielen, wird als Beweis gegen die quellenfördernde Wirkung des Waldes angeführt. Exakte Versuche über den Einfluß des Waldes auf den Grundwasserstand sind zuerst in den russischen Steppen und dann von Ebermayer und Hartmann in Bayern ausgeführt worden. Für die Ebene kamen die beiden letzteren im wesentlichen zu folgendem Resultat: Der Grundwasserstand ist abhängig in erster Linie von der Niederschlagsmenge, dann von der Durchläffigkeit des Bodens und Untergrundes, von der Trockenheit der oberen Bodenschichten, dem Wasserbedarf der den Boden deckenden Pflanzen und von Lage und Neigungs= grad der wafferundurchläffigen Schicht. Von deren Neigung hängt es auch ab, ob sich ein See oder Grundwafferstrom bildet. Im ersteren Falle bewirkt die Bewaldung ein Sinken des Grundwafferspiegels, wenn die undurchlaffende Schicht so hoch liegt, daß jener sich noch im Wurzelbereich der Bäume be= findet. Liegt sie aber in größerer Tiefe oder besteht ein Grund= wafferstrom, so ist kein Einfluß des Waldes wahrzunehmen. In der Ebene wird also in einzelnen Fällen die Bewaldung der Quellenbildung ungünstig sein.

Anders liegen die Dinge im Gebirge. Wo dort der Wald fehlt, strömt der größte Teil der Niederschläge oberirdisch den Wafferläufen zu, geht also für die Quellenbildung verloren, im Walde aber wird doch immer ein Teil an die tieferen Boden= schichten abgegeben. Wenn auch hier nach der Entwaldung ge= legentlich Versumpfung eintritt, so sind es undurchläffige Boden= arten, die gewissermaßen selbst einen Quellenhorizont bilden. Bei ihnen wirkt die Bewaldung nicht nur durch die Waffer= abgabe der Bäume, sondern auch durch die Bodenlockerung, welche durch die Durchwurzelung und die Humusbildung ein= tritt und die Eigenverdunstung des Bodens fördert, austrocknend. Vor allem Dingen ist aber die Herkunft der Wassermengen von Bedeutung, welche die Bodenvernäffung bewirken und den Grund= wafferstrom bilden. Sie entstammen in den seltensten Fällen allein den Niederschlägen auf der betreffenden Fläche selbst, in der überwiegenden Mehrzahl strömen sie von höher gelegenen Teilen zu, und da gilt eben der Satz, daß nur die Bewaldung oder Moorbildung den raschen oberirdischen Abfluß verhüten kann. Auch der Grundwasserstrom der Ebene verdankt häufig einen großen Teil seines Wassers der Bewaldung der Berge.

Wenn diese günstige Einwirkung der Gebirgsforsten nicht immer klar zu erkennen ist, so liegt das an den erörterten geologischen Bedingungen. Für Quellen z. B., die infolge des Streichens der wasserundurchlässigen Schicht aus entlegenen Sammlungsgebieten Zufluß erhalten, werden Entwaldungen der nächsten Umgebung oft ohne erheblichen Nachteil sein, wohl aber würden sie leiden, wenn in jenem Sammlungsgebiete ausgedehntere Kahlhiebe vorgenommen oder gar Rodungen ausgeführt würden. Auf dem internationalen Forstkongreß zu Paris im Jahre 1900 teilte Servier folgende Beobachtung mit. In der Gegend von Villefranche, deren Boden sandig ist, ist der Wald seit langer Zeit mit Ausnahme weniger Parzellen gerodet, aber überall, wo noch etwas Wald ist, befindet sich auch eine Quelle. Eine solche entspringt auch auf Serviers Besitz am Westrand eines Niederwaldes. Jedesmal nun, wenn der Abtrieb des Bestands erfolgte, wurde die Quelle schwächer, um mit dem Heranwachsen des Holzes wieder zuzunehmen. Übertroffen wird der Wald in der Eigenschaft als Wassersammler noch von den Torfmooren, deren Aufnahmefähigkeit viel bedeutender als die des Waldbodens, deren Verdunstung aber viel kleiner ist. Vom Standpunkt einer rationellen Wasserwirtschaft ist ihre Trockenlegung wenigstens im Gebirge meist verfehlt.

Im Zusammenhang mit der eben besprochenen Frage steht die weitere nach dem Einfluß, den die Bewaldung auf den Wassergehalt unserer Bäche und Flüsse hat. Die früher viel verbreitete Annahme, daß durch die Waldrodungen der letzten Jahrhunderte die Wassermenge unserer Ströme überhaupt abgenommen habe, läßt sich aus dem zurzeit bekannten Material nicht beweisen, vielmehr scheint jene in den letzten 100 Jahren unverändert geblieben zu sein. Dagegen sind unleugbar in manchem Flußgebiet, zumal der österreichischen Alpenländer, Italiens und Spaniens, die Wasserklemmen — d. h. die Zeiten des nachteiligen Tiefstandes — häufiger geworden, was wohl auf die Entwaldung zurückzuführen ist. Wirkt ja doch schon der Umstand mit, daß Flüsse, welche durch Waldungen ziehen, weniger Wasser durch Verdunstung verlieren. Und ebenso sind die Hochwasserkatastrophen häufiger geworden. Es hat z. B. die Abba infolge der fortgesetzten Entwaldung des Kantons Tessin von 1834—1862 28% ihrer Kraft bei Niedrigwasser verloren, wofür Hochwasser nunmehr etwa alle 20, früher nur alle 54 Monate, eintreten.

Alles was den Wasserabfluß im Walde verzögert oder die Aufnahme des Wassers durch den Boden befördert, muß natür=lich günstig auf die Hochwasserstände einwirken. Denn infolge der Verteilung des Abflusses auf eine längere Zeit genügt ein kleineres Flußbett, um die gleiche Wassermenge abzuführen, und in der Regel ist sie ja auch durch die Absorption von Streu=decke und Waldboden verringert. So geht im Waldgebirge mancher Gewitterguß und Wolkenbruch schadlos vorüber, der in unbewaldeten Tälern Überschwemmungen verursacht haben würde, weil hier das Wasser in der kürzesten Frist zu Tal ge=fördert wird und der Abfluß oft in wenigen Stunden sich voll=ziehen muß. Einen unbedingten Schutz gegen Hochwasser ver=mag aber auch der Wald nicht zu gewähren. Wenn das Regen=wetter lange Zeit andauert, so daß alle Bodenporen vom Wasser gefüllt sind, oder wenn auf gefrorenen Boden der Schnee in großen Massen gefallen ist und nun plötzlich starkes Tau=wetter mit Regen eintritt, so daß der Schnee schmilzt, ehe der Boden Wasser aufnehmen kann, versagt der Wald, und es gibt Hochwasser. Ja gerade die schlimmsten Hochwasser suchen auch die gut bewaldeten Gebiete heim, denn die Schutzwirkung des Waldes hat eben auch ihre Grenze, wird diese überschritten, so wird der Wald wohl durch Verzögerung des Abflusses den Schaden etwas abschwächen, nicht aber ihn ganz verhüten können. Die Jahr für Jahr in den unbewaldeten Gebirgen eintretenden kleinen Überschwemmungen dagegen fehlen dem Waldlande. Und wenn heute mit Recht an vielen Orten über eine Steigerung der Hochwassergefahr geklagt wird, so trifft die Schuld daran nicht den Wald. Im Laufe des 19. Jahrhunderts wurde eine Menge von Bächen gerade gelegt, sie wurden kanalisiert, so daß jeder Wassertropfen nun eiligst den Flüssen zugeführt wird. Ebenso begünstigen die vielen Wegbauten mit ihren Seitengräben den raschen Wasserabfluß. Viele Fischweiher und kleine natürliche Seebecken, die früher bei jedem Regen er=

hebliche Wassermengen aufnahmen und dann nur langsam wieder abgaben, wurden aufgelassen, in Wiesen verwandelt, Hochmoore und sumpfige Stellen wurden entwässert und so alles getan, den Abfluß zu beschleunigen statt ihn zu verzögern. Gewiß waren alle diese Unternehmungen sehr nützlich, ja in vielen Fällen durchaus notwendig, aber bezüglich der Hochwasser haben sie schädlich gewirkt und machen es erklärlich, daß die Schutzwirkung des Waldes nicht mehr voll zur Geltung kommt.

Auch für die Einschränkung der wasserarmen Zeiten ist die Verzögerung des Abflusses im Walde vorteilhaft, ebenso alles was die Ergiebigkeit und Nachhaltigkeit der Quellen fördert. Mächtiger freilich erweist sich auch hier der Einfluß der eben erwähnten Meliorationen. Umsomehr sei auf einen Fall hingewiesen, in dem die günstige Wirkung der Bewaldung sich deutlich zeigt. Die Wasserversorgung der Stadt Bern benutzt die Quellen dreier Täler, die des gut bewaldeten Schlieretals, die des nur mäßig bewaldeten Gaseltals und die des waldarmen Scherlitals. Die Wassermengen schwanken im ersteren um das 2,7fache, im zweiten schon um das 4fache, im dritten gar fast um das 7fache. Daß die Bewaldung hier einen gleichmäßigeren Zufluß zu den Quellen und Bächen verursacht, war ganz besonders deutlich 1893 und 1894 zu erkennen. Der abnorm trockene Sommer des ersteren Jahres zeigte sich natürlich auch in der Ergiebigkeit der Quellen. Während aber im waldarmen Scherlital der tiefste Stand schon am 30. September 1893 erreicht war, trat er im Gaseltal am 13. Januar und im Schlieretal erst am 30. April ein.

Die Bewaldung bildet ein mächtiges Hindernis für die Verwitterung und Abtragung der Berge, sie schützt auch an steilen Bergwänden die Bodenkrume gegen die Abschwemmung. Ganz anders auf den entwaldeten Bergen. Hier stürzt das Wasser auf dem kürzesten Weg zu Tal und gräbt dabei Wasserrisse aus. Wer einmal nach einem Gewitterguß die Weinberge oder Äcker einer steilen Halde durchwanderte, hat solche Risse gewiß gesehen und vielleicht auch wahrgenommen, daß die Landleute nach einem solchen Unwetter die Erde in Tragkörben und Bütten auf dem Rücken wieder emportragen und die Wasserschäden ausbessern. Wo aber solche Arbeit unterbleibt, erweitern sich bei jedem Regen, jeder Schneeschmelze diese Schrunden, bis endlich alle Feinerde abgeschwemmt ist und der nackte Fels zu Tage tritt. Der entblößte Stein unterliegt wegen des schroffen Temperaturwechsels viel mehr der Verwitterung, zerfällt rascher als der von der normalen Waldbodendecke geschützte. Aber der Schaden beschränkt sich auch nicht auf die Stelle, wo einst der Wald gestanden. Die Gewitterregen reißen Kies und Gesteinsschutt mit sich und überschütten damit fruchtbares Gelände, das nun entweder ganz verloren ist oder doch nur mit großen Kosten wieder urbar gemacht werden kann. So nahm nach den amtlichen Angaben von 1842—52 in dem Departement der Niederalpen infolge der Entwaldung die anbaufähige Fläche um 25000 ha, d. h. ein Viertel ab. Schlimmer noch wirkt die Anfüllung der Wasserläufe mit Geschiebe, wodurch die Flußrinne verengert, die Sohle selbst höher gelegt und bei Hochwasser ausgedehnte Flächen verschüttet werden. Die Erhöhung des Flußbettes durch diese Geschiebemengen ist z. B. im oberen Rheintal zwischen Chur und dem Bodensee schon so weit fortgeschritten, daß mehrere Ortschaften unter dem Niveau des Stromes liegen. An der untern Loire sind die aus der gleichen Ursache erforderlichen Erhöhungen und Verstärkungen der Hochwasserdämme allmählich so teuer geworden, daß die französische Regierung jetzt dazu übergegangen ist, durch umfangreiche Aufforstungen im Quellgebiet die Geschiebebildung zu bekämpfen, um so das Übel an der Wurzel zu treffen.

Im Gebirge aber untergraben die infolge der Entwaldung verwilderten Bäche den Fuß der Bergwände und führen Bergstürze, Schlammströme und Wuhren herbei. Eine solche, die 1879 im Tal von Ubaye nach einem Gewitter niederging, brachte 169000 cbm Erde und Steine vermengt mit 60000 cbm Wasser hernieder, und verschüttete damit in wenigen Stunden den ganzen Talgrund. Gewiß ist nicht zu verkennen, daß auch hier die geologische Beschaffenheit der Gegend in letzter Linie die Größe der Gefahr bestimmt. Je widerstandsfähiger das Gestein, um so geringer werden die Nachteile der Entwaldung sein, und unter besonders ungünstigen Verhältnissen kann auch der Wald keinen Schutz bieten. Aber im allgemeinen gibt er doch die beste Sicherung gegen die Gefahren einer zu raschen Erosion, seine Erhaltung an steilen Hängen ist tatsächlich eine Lebensfrage für die Bevölkerung vieler Gebirgstäler, und die Aufforstung vielfach das beste Mittel, die vom Wasser angegriffenen und in Bewegung geratenen Bergwände zu beruhigen, ehe noch der Schaden sehr groß geworden ist. Ist die Zerstörung schon weiter vorgeschritten, so werden freilich widerstandsfähige kostspielige Kunstbauten notwendig, aber auch sie können ihren Zweck nur erfüllen, wenn die Wiederbewaldung der Hänge sie ergänzt.

Daß der Wald gegen die Lawinen Schutz gewähre, ist eine schon seit alten Zeiten weit verbreitete Anschauung, die auch in den Weistümern manches Schweizerdorfes zum Ausdruck kommt, indem deshalb der Hieb in einzelnen Wäldern verboten wurde. Auch sie hat einen berechtigten Kern. Innerhalb gutgepflegter Waldungen kann keine Lawine entstehen, da die Bäume das Abrutschen verhindern, und unterhalb der Baumgrenze ist die Aufforstung der zur Lawinenbildung neigenden Hänge jedenfalls das beste Vorbeugungsmittel. Aber viele Lawinen entstehen in Höhen, wo der Wald nicht mehr aufzubringen ist, so z. B. im Jahr 1887/88 von 1013, die in der Schweiz beobachtet wurden, 803. Gegen diese kann der Wald nur dann Schutz gewähren, wenn sie in geringer Höhe über ihm abgingen, daher noch nicht groß geworden sind und keine erhebliche Geschwindigkeit erreicht haben. Andernfalls durchbricht die Lawine den Wald, die Stämme werden mit in die Bewegung hineingezogen, und es kann sein, daß der Schaden an den unter dem Walde liegenden Häusern, Matten und Feldern gerade durch die mitgerissenen Bäume vermehrt wird. Der Schutz gegen die Lawinen ist also nur ein beschränkter, wenn er wirksam sein soll, muß der Wald durch Schutzbauten in dem oberhalb der Baumgrenze liegenden Gelände unterstützt werden.

Ferner können die Waldungen die Schäden durch Steinschläge verhüten. Diese entstehen an steilen Felswänden, indem sich infolge der Verwitterung Stücke loslösen, niederstürzen und zu Tal rollen. Ist das Gelände stark geneigt, so kommen die oft mehr als 1 cbm fassenden Blöcke in eine rasche, vielfach springende Bewegung, sie vermögen dann Gebäude einzuschlagen, zum mindesten aber überlagern sie fruchtbaren Boden und müssen oft mit großen Kosten beseitigt werden. Steht aber am Fuß einer solchen Felswand ein Wald, so werden die Steine an den Stämmen anprallen und nach kurzer Zeit zur Ruhe kommen.

Sehr vorteilhaft erweist sich die Bewaldung auf Flug=
sandschollen und Wanderdünen. Auf dem lockeren, nahrungs=
armen Sande ist die Kiefer die einzige Nutzpflanze, welche
dauernd gedeiht. Ist aber der Boden entblößt, so setzt sich
der Sand bei jedem Windzug in Bewegung, er wandert in
der Richtung des herrschenden Windes und überschüttet dabei
das benachbarte Gelände, das nun ebenfalls ertraglos wird.
Ganze Gegenden können dadurch veröden. So sind seit 1666
in der Bretagne die Dünen von der Küste her 6 km weit
ins Land gewandert, und ähnliche, wenn auch nicht so schlimme
Verhältnisse bestehen zum Teil auch an unseren Küsten. Aber
auch im Binnenlande finden wir ausgedehnte Flugsandschollen,
die z. B. in Preußen 32000 ha umfassen und teilweise eben=
falls in Bewegung sind. Leider hat Wessely mit der Anklage
recht, daß diese Böden erst in historischer Zeit gefährlich ge=
worden seien, indem kurzsichtige Habsucht sie entwaldete; und
auch viele der wandernden Küstendünen haben ihre Ausdehnung
und Bedeutung erst durch menschliche Fehler erlangt. So ließ
Friedrich Wilhelm I. die Wälder der frischen Nehrung ab=
treiben, um Geld zu gewinnen. Die Folge war, daß der
Boden sich in Bewegung setzte, das frische Haff versandete und
die Schiffahrtstraße zwischen Elbing und Königsberg unfahrbar
zu werden drohte. Ähnlich ging es an der pommerschen Küste,
wo die Russen im Siebenjährigen Kriege ausgedehnte Kahlhiebe
machten. Heute sind dort, obwohl nun seit 60 Jahren der
Kampf mit den Dünen geführt wurde, allein im Forstrevier
Schmolsin noch über 1000 ha Dünengelände, darunter bis zu
150 Meter hohe wandernde Sandberge, die jährlich etwa
40 Schritt vorrücken. Haben die Dünen erst einmal eine
solche Höhe erreicht, so begraben sie auch den Wald unter ihren
Sandmassen, während dieser eine erst beginnende Dünenbildung
zu verhindern vermag. Das einzige Mittel zur dauernden
Beruhigung der Dünen liegt in der Aufforstung, die auf der
Seite beginnen muß, von der der Wind kommt, um ihm vor
allem das Material zu entziehen, das er forttreiben könnte.
Jede Begrünung mit Sandgräsern ist dabei eine willkommene
Hilfe, auch künstliche Deckungen werden vielfach erforderlich,
um den Sand festzuhalten, bis die Kiefern angewachsen sind.
Auf diese Weise sind z. B. in Preußen von 1881 bis 1893
14000 ha Dünen aufgeforstet worden.

Noch umfassender sind die französischen Dünenaufforstungen, die allein in der Gironde während des vorigen Jahrhunderts 52000, in den Landes 26000 ha betrafen und einen Aufwand von 13 Millionen Franken verursachten. Dadurch soll auch eine wesentliche Verbesserung der Gesundheit jener Gegenden, die früher im Winter überschwemmt, im Sommer von der Hitze in glühende Sandwüsten verwandelt wurden und in denen das Wechselfieber heimisch war, erzielt worden sein, so daß sie heute zu den gesündesten Frankreichs gerechnet werden. Ähnliche Erfolge wurden in der Sologne durch umfangreiche Aufforstungen in Verbindung mit der Korrektion der Wasserläufe erreicht. Fehlgeschlagen sind dagegen die Versuche, durch Anpflanzung von Eukalyptuswäldern das Klima der römischen Campagna gesünder zu machen. Auch hier ist es das Wechselfieber, das die einst reich bebaute fruchtbare Gegend fast unbewohnbar macht. Die Ansteckung vermitteln bekanntlich einige Arten Schnacken, die sich in Wassertümpeln entwickeln. Daher ist es auch nicht verwunderlich, daß durch die Anlage kleiner Haine und Wäldchen um die Orte kein Erfolg erzielt wurde, blieben doch die meisten Brutstätten jener Mücken unberührt. Hätte man die ganze Fläche oder doch den größeren Teil aufgeforstet und den Rest wieder zu Ackerland gemacht, so würde die damit verbundene Entwässerung und Durchlüftung des Bodens vielleicht das gewünschte Ergebnis bewirkt haben. Das ganze Gebiet war im Altertum durchzogen von einem Netz von Kanälen und unterirdischen Entwässerungsanlagen, seitdem diese verfielen, ist eben die Versumpfung und Durchseuchung des Bodens eingetreten und darum wird auch nur eine durchgreifende Melioration Abhilfe bringen.

So kann dieser Mißerfolg auch nicht berechtigen, dem Wald wenigstens in unseren Breiten eine günstige Wirkung auf die Gesundheit der Länder abzustreiten. In den Tropen sind ja freilich die Wälder vielfach als besonders ungesund verrufen, doch handelt es sich auch dort wohl hauptsächlich um die Waldungen der warmen sumpfigen Niederungen, nicht um die Gebirgsforste. Auf unsere Verhältnisse dürfen aber jene schlimmen Erfahrungen keinesfalls übertragen werden. Wissen wir doch seit Pettenkofers Untersuchungen, daß die Ursache vieler Epidemien in der Verunreinigung des Bodens liegt, daß sich in ihm die schädlichen Lebewesen zuerst entwickeln,

aus ihm in die Luft und das Wasser gelangen und dann
Krankheiten verbreiten. Reines Wasser und reine Luft sind
die Hauptbedingungen der Gesundheit, sie können aber nur dort
erhalten bleiben, wo der Boden rein ist. Da nun der Waldboden gleichmäßig feucht und meist ziemlich kühl ist, bietet er
der Entwicklung der krankheitserregenden Lebewesen wenig günstige
Bedingungen, sein Gehalt an Humussäuren dürfte derselben
sogar direkt nachteilig sein, und darum wird das aus ihm
stammende Quellwasser auch meist frei von schädlichen Bei-
mengungen sein.

Bezüglich der Luft liegen direkte Untersuchungen des
französischen Forschers Miquel vor. Danach enthält die Luft
im Innern von Paris im Kubikmeter rund 14 mal so viele
Bakterien und Schimmelpilze als im Park von Montsouris.
Ähnlich steht es mit Staub, Ruß und den sonstigen Verun-
reinigungen der Luft, die ja unsern Lungen sehr schädlich
werden können. Mag der Wind sie auch mit nach dem Wald
tragen, da er dort viel von seiner Geschwindigkeit einbüßt,
sinken sie bei geringer Windstärke auf den Boden nieder oder
fallen auf die Blätter, von wo sie der nächste Regen herunter-
wäscht, bei heftigem Winde aber werden sie mit über den
Wald fortgerissen. So wirkt der Waldrand wie ein Luftfilter,
er hält die schädlichen Stoffe zurück und die Waldluft im Innern bleibt rein und gesund.

Aber auch die höhere relative Luftfeuchtigkeit und die
größere Kühle sind Heilfaktoren. Sie wirken belebend und
anregend auf Lungen und Nerven. Das ist ja der Grund,
warum vielen Kranken der Aufenthalt in waldreichen Gegenden
empfohlen wird, warum in den letzten Jahrzehnten auf den
Höhen unserer Waldgebirge so viele Erholungsstätten und Heil-
anstalten entstanden sind, in denen jährlich Tausende Erfrischung
und Genesung suchen und in vielen Fällen auch finden.

VII. Kapitel.

Zur Pflege der Waldesschönheit.

Wichtigste Literatur: v. Salisch: Forstästhetik. Stötzer: Zur Pflege der Waldesschönheit in Loreys Handbuch.

Die Schönheit unseres Waldes rühmen zahlreiche Lieder, auch der gewöhnliche Mann weiß sie zu schätzen und wendet sich an freien Tagen mit Vorliebe dem Walde zu, um in seinem stillen Schatten von dem Lärm der Werktagsarbeit auszuruhen, sich an der Fülle bald anmutiger, bald ernst feierlicher Bilder zu erquicken und frische Kräfte für die Berufstätigkeit zu sammeln. In der Zeit, da jeder Arbeiterverein seine Mitglieder mindestens einmal im Jahre zu Waldausflügen und Waldfesten hinausführt, da einsichtige Stadtverwaltungen sich bemühen, die Forsten ihrer Umgebung zu erwerben, um der anwachsenden Bevölkerung die Erholungsstätte zu erhalten, brauchen wir nicht erst noch den Beweis zu führen, daß der Wald schön sein kann. Auch auf eine Erörterung der Ursachen, warum wir den Wald schön finden, sei hier verzichtet, dagegen kurz die wichtigsten Maßnahmen besprochen, die geeignet sind, die Schönheit des Waldes zu erhalten und ihren Genuß zu erleichtern.

Die Hauptaufgabe fällt dem Waldeigentümer zu, er muß sich vor allem bewußt bleiben, daß der Besitz auch verpflichtet. Die Gesetze haben ihm die Befugnis gegeben, den Besuch des Waldes außerhalb der öffentlichen Wege zu verbieten, er darf aber von diesem Rechte nur so weit Gebrauch machen, als zur Erhaltung des Waldes, zur Verhütung von Gefahren, oder zur Wildhege und Jagdausübung erforderlich ist, wenn er sich nicht mit dem berechtigten Empfinden der weitesten Kreise in Widerspruch setzen will. Wo kein Schaden geschehen kann, mag selbst das Durchstreifen seitab vom Wege gestattet werden, vor allem aber sollte durch Anlage von Fahr- und Fußwegen die Zugänglichkeit des Waldes erhöht werden. Die meisten Wege bringen ja auch der Waldwirtschaft Vorteile, und je mehr der Wald so erschlossen wird, um so eher kann man von den Besuchern verlangen, daß sie sich an die Wege halten. Ein Entgegenkommen an die Touristen- und Verschönerungsvereine liegt

also auch im eigenen Interesse des Waldbesitzers. Bei der An=
lage der Wege ist darauf zu sehen, daß sie zu schönen Aus=
sichtspunkten, zu Wasserfällen und dergleichen hinführen, was
sich meist ohne erhebliche Opfer erreichen läßt.

Schwierig ist die Frage, wie weit man im Offenhalten
von Aussichten gehen soll. Im Gebirgswalde schafft fast jede
Verjüngung eine Reihe von hübschen Blicken, die aber mit dem
Emporwachsen des jungen Waldes wieder verloren gehen. Das
Publikum äußert dann häufig Unwillen über die Verständnis=
losigkeit der Forstbeamten, meist jedoch zu Unrecht. Denn wenn
der Berghang nicht sehr steil abfällt, ist das Verwachsen solcher
Aussichten unvermeidlich, sie lassen sich wohl eine Zeitlang noch
offen halten, indem man die nächsten Baumreihen entgipfelt,
aber auf die Dauer versagt dieses Mittel, da die entfernteren
Stämme ihre Krone vorschieben, und es selbst ist vom ästhe=
tischen Standpunkt sehr anfechtbar, denn die verstümmelten
Bäume des Vordergrundes können nie einen erfreulichen An=
blick gewähren und werden so leicht auch den Genuß am ganzen
Bilde stören. Darum verzichte man im allgemeinen auf dieses Be=
mühen, es entstehen dafür ja an anderen Stellen wieder neue
Ausblicke. Besonders schöne aber suche man dadurch dauernd
zu erhalten, daß man den Vordergrund in Wiesen umwandelt,
oder, wo felsiger Grund dies verbietet, Gebüschanlagen schafft.
Häufig kann durch den Bau einer Unterstandshütte auf solchen
Punkten ein erhöhter Standort gewonnen werden, so daß die
offen zu haltende Fläche entsprechend kleiner sein darf. Ins=
besondere sind Durchblicke auf Flußtäler, Ruinen, interessante
Felsbildungen (Abb. 14), soweit sich Gelegenheiten geben, zu
schaffen, und dazu können vielfach auch die Einteilungs=
linien benutzt werden, die doch offen gehalten werden müssen.

Die Waldwirtschaft selbst aber soll, bei aller Rücksicht auf
die Schönheitspflege, nichts Erkünsteltes haben. Mit Recht
verlangt v. Salisch, daß zwischen Wald und Park streng ge=
schieden werde. Der Wald soll einen möglichst hohen Rein=
ertrag geben, und das kann auch erreicht werden, ohne seine
Schönheit zu gefährden. Ein Mittelding zwischen Park und
Wald aber wird niemanden befriedigen, es trägt den Stempel
der Halbheit an sich. Lieber scheide man in der Nähe eines
viel besuchten Badeortes oder einer großen Stadt einen Teil
des Waldes ganz aus und behandele ihn als Park. Im Walde

Abb. 14. Partie aus der Holsteinschen Schweiz.

aber sind vor allem gesunde Bestände zu erziehen, kranke sollten baldigst entfernt werden. So ist auch vom Standpunkt der Schönheitspflege nichts verfehlter, als anspruchsvolle Holzarten auf einen geringen Boden zu bringen; anstatt den Wald zu zieren, erreicht man das Gegenteil, denn Krüppelwuchs ist immer unerquicklich. Im allgemeinen ist der gemischte Wald zu bevorzugen, er bietet mannigfaltigere Waldbilder zumal im Herbst, wenn das Laub sich verfärbt. Durch die Anpflanzung von Roteichen, Ahorn, Birken können sehr schöne Kontrastwirkungen erzielt werden. Die langsame Verjüngung entspricht am meisten den ästhetischen Forderungen, die einzelnen alten Stämme können sich in ihrer ganzen Schönheit zeigen, und wenn sie der Axt verfallen, steht zum Ersatz schon Jungholz da, so daß der Laie den Verlust oft gar nicht wahrnimmt. Wo man zum kahlen Abtrieb greifen muß, lasse man vorläufig am Wegrande einen Streifen Altholz stehen, so daß die Blöße nur hindurchschimmert und ihre volle Größe erst zum Bewußtsein kommt, wenn schon wieder mannshohe Jungwüchse auf ihr stehen und nun jener Saum nachgehauen wird. Die Verteilung der Schläge auf verschiedene Stellen hat neben vielen wirtschaftlichen Vorteilen auch den, die Einförmigkeit ausgedehnter Kulturen und Stangenhölzer zu vermeiden. Die Verjüngung unter dem Schirm des durchlichteten Altholzes schafft vielfach schöne Durchblicke und mildert vor allem den Eindruck eines gewaltsamen Eingriffes in die Natur, auch wenn der neue Bestand auf künstlichem Wege geschaffen werden muß. Ebenso erhöht der Überhalt den Reiz des Waldes. Man denke sich z. B. in Abbildung 15 die Kronen der alten Kiefern an der Bergwand im Hintergrund hinweg, um wie viel eintöniger sieht die Gegend aus.

Überhaupt liegt in der Erhaltung alter Bäume ein Hauptmittel, die Waldschönheit zu pflegen. Zwar den Wünschen vieler Laien, die auch nicht einen starken Stamm missen möchten, die beim Hieb einer jeden alten Eiche über Barbarei schreien, kann natürlich nicht entsprochen werden, denn der Wald muß einen Ertrag liefern, und es wäre eine unbillige Zumutung, daß der Eigentümer die wertvollsten Stämme auf dem Stock verfaulen lassen solle, nur damit das Waldbild auch nicht vorübergehend eine Beeinträchtigung erleide. Wenn nämlich der junge Bestand heraufgewachsen ist, verschwinden dem Auge ja doch alle die alten Stämme, die etwas seitab vom Wege stehen. An diesem aber soll man die schönsten Bäume erhalten, ebenso an Aussichtspunkten, ganz besonders aber jene Waldesriesen schonen, die der Bevölkerung bekannt sind, die einen besonderen Namen haben, und an die sich vielfach Erzählungen und Sagen knüpfen, die daher auch vielen Leuten von Jugend auf lieb und vertraut sind. Sie schützen ist auch ein Stück Pflege der Heimatsliebe.

Wiesen und Äcker inmitten des Waldes können zur Belebung des Landschaftsbildes sehr viel beitragen, nur müssen sie in gutem Stande sein. Ist der Boden dazu zu gering, so pflanzt man sie besser zu. Kleine Seen und Fischweiher sollten aber, auch wenn ihr Ertrag noch so gering ist, erhalten bleiben, da sie eine wertvolle Bereicherung des Waldbildes darstellen. Hütten, Bänke, Brunnen und Wegweiser erleichtern dem Publikum den Besuch der Waldungen, aber Form und Material — Holz, unbehauene Steine — müssen so gewählt werden, daß sie organische Glieder des Waldes zu sein scheinen, nicht sich auffällig abheben.

Dem Staat fällt die Pflicht zu, dafür zu sorgen, daß die Naturschönheiten, wozu eben auch hervorragend schöne Bäume, Felspartien usw. zu rechnen sind, unter gesetzlichen Schutz gestellt werden, wie es 1902 im Großherzogtum Hessen geschehen, daß vor allem schnöder Gewinnsucht nicht mehr gestattet werde, die schönsten Landschaften durch riesige Reklameschilder zu verunstalten, und daß bei der Ausnützung des Naturkräfte möglichst viel Rücksicht auf die Schönheit der Gegend genommen werde. Sehr wertvoll für die Erhaltung dieser Schätze ist es, wenn sie photographisch inventarisiert und durch Publikation weiten Kreisen zugänglich gemacht werden, da so auch das Interesse an ihnen gesteigert wird. So sind die von Conwentz ins Leben gerufenen forstbotanischen Merkbücher, in denen die schönsten und merkwürdigsten Bäume eines jeden Gebietes aufgeführt sind, und ihre Unterstützung durch den Staat sehr zu begrüßen. Dieser wird sich zur Erwerbung solcher hervorragender „Naturdenkmäler" entschließen müssen, deren Erhaltung sonst in Frage gestellt wäre.

Lebhaft erörtert wurde in der jüngsten Zeit — z. B. auch auf den Versammlungen des Deutschen Forstvereins 1905 und 1906 — die Frage des Unterrichtes in der Waldschönheitspflege. Daß sie zum Lehrgebiet der forstlichen Hochschulen gehört, wird natürlich von keiner Seite bestritten. Aber während der Begründer der Forstästhetik, Freiherr v. Salisch, verlangt, daß besondere Vorlesungen über diesen Gegenstand eingerichtet werden, hält die Mehrheit der forstlichen Hochschullehrer Deutschlands es für ausreichend und zweckmäßiger, wenn in den Vorträgen über Waldbau, Forsteinrichtung, Wegbau usw. wie bisher die forstästhetischen Gesichtspunkte mitgeteilt und bei Exkursionen und Übungen die Praxis der Waldschönheitspflege erläutert wird. Dafür sprechen tatsächlich gewichtige praktische Gründe. Bei der großen Masse des von dem künftigen Forstmann in der Studienzeit aufzunehmenden Wissens — gesamte Naturwissenschaften, Volkswirtschaftslehre, erhebliche Teile der Rechtskunde, Feldmeßkunst und vielfach auch Elemente der höheren Mathematik, sodann die eigentliche Fachbildung — kann davon nicht die Rede sein, in einer mehrstündigen Vorlesung die Grundlehren der allgemeinen Ästhetik und daran anschließend die speziellen forstästhetischen Gesichtspunkte sowie die Maßnahmen zu ihrer Durchführung zu erörtern. Denn das würde zu viel

Zeit beanspruchen. Beschränkt man sich aber nur auf die Waldschönheitspflege, so reicht das Gebiet kaum aus, um eine Wochenstunde im Semester zu füllen, wenn nicht ein Teil der Lehren wiederholt werden soll, die in anderen Disziplinen vorgetragen werden. In den engen Beziehungen zwischen der Waldschönheitspflege und jenen Gebieten liegt ein weiterer Grund gegen die Einführung einer besonderen Vorlesung. Unzweckmäßig ist diese, weil sie leicht zu einer Überschätzung der forstästhetischen Gesichtspunkte führen kann, während der Wald doch immer in erster Linie als Ertragsobjekt bewirtschaftet werden muß. Es ist daher ratsam, schon im Unterricht zu zeigen, daß eine praktische Waldschönheitspflege mit dieser Aufgabe unserer Forsten zu rechnen hat, und wie sie mit Rücksicht auf diese zu üben ist. Vor allen Dingen handelt es sich aber hier ja viel weniger darum, eine bestimmte Summe von Wissen zu übermitteln, als die Empfänglichkeit für die Waldesschönheit und den Sinn für ihre Pflege zu wecken und zu beleben und weiter dann zu zeigen, wie die letztere betätigt werden kann. Gerade dies aber läßt sich am besten draußen im Walde auf den Exkursionen erreichen, die ja sowieso für den forstlichen Unterricht unentbehrlich sind.

Doch auch das Publikum hat die Pflicht, bei der Waldschönheitspflege mitzuwirken. Wenn es verlangt, daß ihm der Wald geöffnet werde, muß es auch Beschädigungen selbst vermeiden und verhüten helfen. Gewiß soll niemand verwehrt sein, einen Strauß aus dem Walde mit heim zu nehmen, aber er lasse sich genügen mit Seitenzweigen, die ohne Nachteil abgeschnitten werden können, und breche nicht den Gipfel aus, so daß das Bäumchen eingeht oder ein Krüppel bleibt. Und möge ein jeder auch nur nehmen, was er wirklich zum Schmuck seines Heimes verwenden will, nicht, wie leider heute so oft, große Büsche abreißen, um sie im nächsten Wirtshaus und in der Eisenbahn liegen zu lassen oder achtlos auf den Weg zu werfen, weil ihm die Last bald zu groß geworden. Denn dieses „Sträußemachen" ist ja doch lediglich eine Betätigung des menschlichen Zerstörungstriebes, und wer den nicht zu beherrschen weiß, verdient auch nicht, die Waldesschönheit zu genießen. Ebenso unschön ist es, wenn an vielbesuchten Aussichtspunkten die Butterbrotpapiere, leere Flaschen — womöglich gar zerschlagen —, Eier- und Orangenschalen usw. in großen Mengen liegen gelassen werden, so daß nach Feiertagen der Wald oft aussieht wie ein Kehrichtplatz und die Stimmung zum Genuß der Landschaft empfindlich beeinträchtigt wird. Wer sich nicht entschließen kann, diese Überreste wieder mitzunehmen, verstecke sie wenigstens in einem dichten Jungwuchshorst, so daß sie das Auge nicht beleidigen. Vielfach werden ja jetzt auch Papierkörbe im Walde aufgestellt, um solche Abfälle aufzunehmen.

Noch manches ließe sich über die Pflichten der Waldbesucher sagen, doch mag die Bitte genügen, daß jeder an seinem Teil sich bemühen wolle, die natürlichen Schönheiten des Waldes unverkürzt zur Wirkung kommen zu lassen, dann wird auch die Freude unseres Volkes an seinem Walde immer noch wachsen.

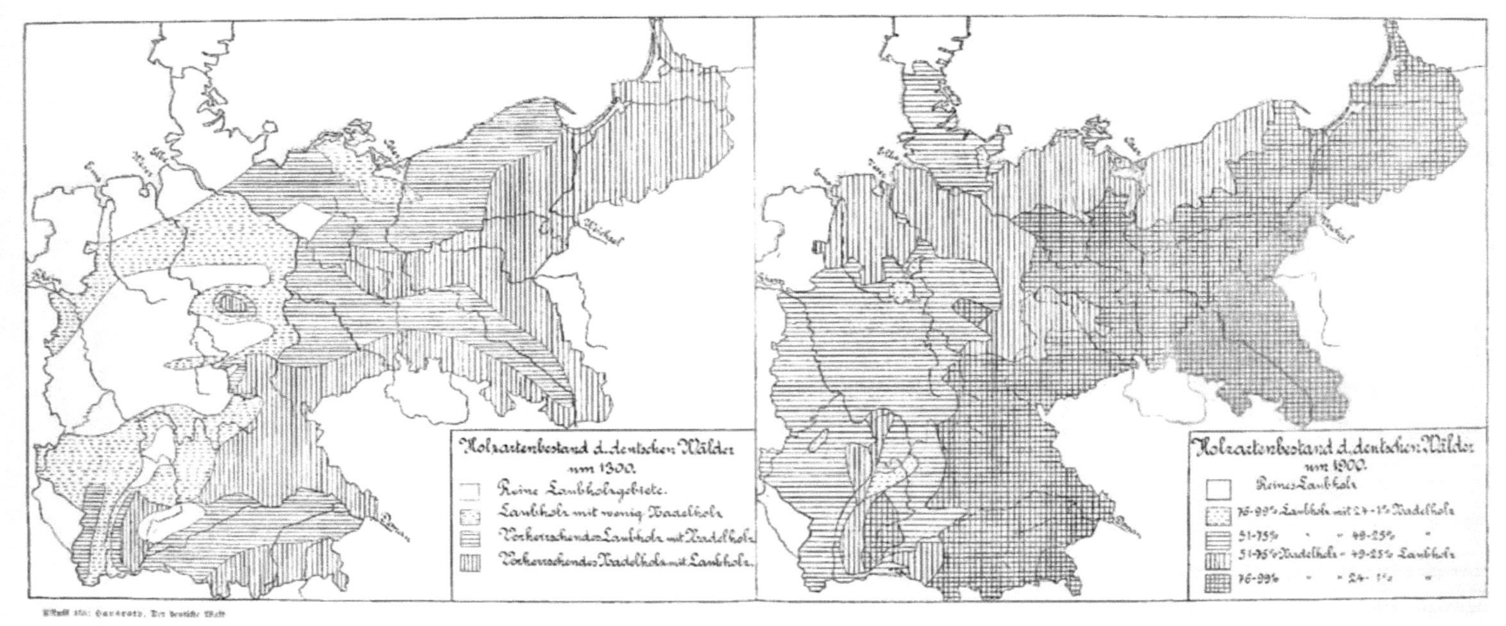

Holzartenbestand d. deutschen Wälder um 1300.
Reine Laubholzgebiete.
Laubholz mit wenig Nadelholz
Vorherrschendes Laubholz mit Nadelholz
Vorherrschendes Nadelholz mit Laubholz.
Holzartenbestand d. deutschen Wälder um 1900.
Reines Laubholz
76-99% Laubholz mit 24-1% Nadelholz
51-75% "   " 49-25% "
51-75% Nadelholz 49-25% Laubholz
76-99% "   " 24-1% "
Nach Hausrath, Der deutsche Wald

Verlag von B. G. Teubner in Leipzig und Berlin.

Exkursionsflora für Nord= und Mitteldeutschland. Ein Taschenbuch zum Bestimmen der im Gebiete einheimischen und häufiger kultivierten Gefäßpflanzen für Schule und Laien. Von Professor Dr. Karl Kraepelin. 6., verbesserte Aufl. Mit 566 Holzschnitten im Text. Geb. *M.* 4.—

Der leitende pädagogische Gesichtspunkt bei der Ausarbeitung der vorliegenden Flora lag in dem Gedanken, daß der naturwissenschaftliche Unterricht wohl eine Kenntnis der Charakter= merkmale größerer Gruppen des Tier= und Pflanzenreiches, etwa bis zu Familien herab, bei dem Schüler erstreben und auch erreichen könne, daß aber die Besprechung der Gattungen, Arten, Varietäten in der Schule nur so weit gerechtfertigt erscheine, als dadurch jene größeren Kategorien erläutert und gewissermaßen mit Inhalt gefüllt werden, daß mithin alle weitergehende Spezial= kenntnis auf dem Gebiete der Systematik nicht so sehr Sache der die allgemeine naturwissen= schaftliche Bildung erstrebenden Schule, als vielmehr des durch den Lehrer zu erweckenden Privatinteresses des Schülers sei.

Dieser Gedanke, der sich dem Verfasser in langjähriger Lehrpraxis immer zwingender aufgedrängt hat, veranlaßte ihn, das vorliegende Tabellenwerk zu schaffen. Das Werk soll den Schüler (und ebenso den Laien) in den Stand setzen, die Namen der beim Unterricht vorliegenden oder auf seinen Exkursionen gesammelten Pflanzen allein und ohne Hilfe eines Lehrmeisters aufzufinden. Diesem Ziele der möglichst leichten und sicheren Bestimmung sind alle anderen Gesichtspunkte untergeordnet.

Unsere Pflanzen, ihre Namenserklärung und ihre Stellung in der Mythologie und im Volksaber= glauben. Von Dr. Franz Söhns. 3. Auflage. Geb. *M.* 2.60.

Das Buch bietet seinem Titel entsprechend zunächst die Erklärung unserer Pflanzennamen, und zwar nicht nur der in den Lehrbüchern angegebenen, sondern auch der im Volke bräuchlichen Benennungen, die in großer Fülle von allen Seiten zusammengetragen sind, behandelt sodann in eingehender Weise die Stellung der Pflanzen in unserer Mythologie und in dem für die spätere christliche Zeit daraus sich ergebenden Aberglauben, wie er noch heute allenthalben in Blüte ist. Auch auf die mit diesem Aberglauben eng zusammenhängende Volksmedizin ist in ausgiebiger Weise Rücksicht genommen und dabei, wo irgend tunlich, das „Kräuterbuch" des Mittelalters in seiner Sprache und Schreibart herangezogen.

Blütengeheimnisse. Eine Blütenbiologie in Einzel= bildern. Von Dr. Georg Worgitzky. Mit 25 Abbil= dungen i. Text. Buchschmuck von J. V. Cissarz. Geb. *M.* 3.—

Das Buch will einem weiteren Leserkreis Einblick in einen Wissenszweig gewähren, dessen Ergebnisse wohl die anmutigsten Erscheinungen aus dem großen Gebiet der organischen Natur= wissenschaft umfassen. Bilden doch den Hauptinhalt der Blütenbiologie jene durch ihre Mannig= faltigkeit und feinste Ausarbeitung überraschenden Anpassungen, wie sie einmal zwischen Blumen und Insekten bestehen, andererseits im Blütenbau gegenüber der Wirksamkeit der Luft= bewegungen hervortreten. Der Schilderung von 24 leicht zugänglichen Beispielen der heimischen Flora, die in ansprechender, leicht lesbarer Form und mit möglichst geringem Aufwand wissen= schaftlichen Apparates die wichtigsten Befruchtungserscheinungen erläutern und den Leser zur Ausführung selbständiger Untersuchungen anleiten, folgt ein zusammenfassender Abschnitt, der einen vollständigen Abriß der Blütenbiologie nach dem jetzigen Standpunkt der Wissenschaft bietet. Buchschmuck und Abbildungen erläutern und zieren das Büchlein gleichmäßig.

Streifzüge durch Wald und Flur. Von Professor B. Landsberg. Eine Anleitung zur Beobachtung der heimischen Natur in Monatsbildern. Für Haus und Schule bearbeitet. 3. Auflage. Mit 84 Illustrationen nach Originalzeichnungen von Frau H. Landsberg. Geb. *M.* 5.—

Von Eichendorffs Wort „Wem Gott will rechte Gunst erweisen" geht der Verfasser dieses Buches aus. Er will die Jugend anleiten, die Wunder „in Berg und Tal und Strom und Feld" zu sehen und zu verstehen, zu eigenen Streifzügen und Untersuchungen anregen. Die von der Gattin des Verfassers nach der Natur gezeichneten Abbildungen bilden einen ebenso nützlichen wie ansprechenden Schmuck des Buches.

Aus Natur und Geisteswelt

Sammlung wissenschaftlich-gemeinverständlicher
Darstellungen aus allen Gebieten des Wissens

<table>
<tr><td>Geheftet
1 Mark.</td><td>in Bändchen von 130—160 Seiten.
Jedes Bändchen ist in sich ab-
geschlossen und einzeln käuflich.</td><td>Gebunden
Mk. 1.25.</td></tr>
</table>

Die Sammlung „Aus Natur und Geisteswelt" sucht ihre Aufgabe nicht in
der Vorführung einer Fülle von Lehrstoff und Lehrsätzen oder etwa gar
unerwiesenen Hypothesen, sondern darin, dem Leser Verständnis dafür zu
vermitteln, wie die moderne Wissenschaft es erreicht hat, über wichtige
Fragen von allgemeinstem Interesse Licht zu verbreiten. Sie will dem
Einzelnen ermöglichen, wenigstens an einem Punkte sich über den engen
Kreis, in den ihn heute meist der Beruf einschließt, zu erheben, an einem
Punkte die Freiheit und Selbständigkeit des geistigen Lebens zu gewinnen.
In diesem Sinne bieten die einzelnen in sich abgeschlossenen Schriften gerade
dem „Laien" auf dem betreffenden Gebiete in voller Anschaulichkeit und
lebendiger Frische eine gedrängte, aber anregende Übersicht.

Aberglaube s. Heilwissenschaft.

Abstammungslehre. Abstammungslehre und Darwinismus. Von
Professor Dr. R. Hesse. 2. Auflage. Mit 37 Figuren im Text.

Die Darstellung der großen Errungenschaft der biologischen Forschung des vorigen Jahrhunderts,
der Abstammungslehre, erörtert die zwei Fragen: „Was nötigt uns zur Annahme der Abstammungslehre?" und — die viel schwierigere — „wie geschah die Umwandlung der Tier- und
Pflanzenarten, welche die Abstammungslehre fordert?" oder: „wie wird die Abstammung erklärt?"

Algebra s. Arithmetik.

Alkoholismus. Der Alkoholismus, seine Wirkungen und seine Bekämpfung. Herausgegeben vom Zentralverband zur Bekämpfung des
Alkoholismus. 3 Bändchen.

Die drei Bändchen sind ein kleines wissenschaftliches Kompendium der Alkoholfrage, ver-
faßt von den besten Kennern der mit ihr verbundenen sozial-hygienischen und sozial-ethischen
Probleme. Sie enthalten eine Fülle von Material in übersichtlicher und schöner Darstellung
und sind unentbehrlich für alle, denen die Bekämpfung des Alkoholismus als eine der wichtigsten
und bedeutungsvollsten Aufgaben ernster, sittlicher und sozialer Kulturarbeit am Herzen liegt.
Band I. Der Alkohol und das Kind. Von Professor Dr. Wilhelm Weygandt. Die Aufgaben
der Schule im Kampf gegen den Alkoholismus. Von Professor Martin Hartmann. Der Alkoholis-
mus und der Arbeiterstand. Von Dr. Georg Keferstein. Alkoholismus und Armenpflege.
Von Stadtrat Emil Münsterberg.
Band II. Die wissenschaftlichen Kurse zum Studium des Alkoholismus. Von Dr. jur. v. Strauß
und Torney. Einleitung. Von Professor Dr. Max Rubner. Alkoholismus und Nervosität. Von
Professor Dr. Max Laehr. Alkohol und Geisteskrankheiten. Von Dr. Otto Juliusburger. Alko-
holismus und Prostitution. Von Dr. O. Rosenthal. Alkohol und Verkehrswesen. Von
Eisenbahndirektor de Terra.
Band III. Einleitung. Alkohol und Seelenleben. Von Professor Dr. G. Aschaffenburg. Alkohol
und Strafgesetz. Von Dr. Otto Juliusburger. Einrichtungen im Kampf gegen den Alkohol.
Von Dr. B. Laquer. Einwirkungen des Alkohols auf die inneren Organe. Von Dr. G. Liebe.
Alkohol als Nahrungsmittel. Von Professor Dr. Neumann. Älteste deutsche Mäßigkeitsbewegung.
Von Pastor Dr. Stubbe. Eröffnungsansprache. Von Dr. jur. von Strauß und Torney.
Schlußwort. Von Regierungsrat Dr. Weymann.

Ameisen. Die Ameisen. Von Dr. Friedrich Knauer. Mit 61 Figuren.

Faßt die Ergebnisse der so interessanten Forschungen über das Tun und Treiben einheimischer und exotischer Ameisen, über die Vielgestaltigkeit der Formen im Ameisenstaate, über die Bautätigkeit, Brutpflege und ganze Ökonomie der Ameisen, über ihr Zusammenleben mit anderen Tieren und mit Pflanzen, über die Sinnestätigkeit der Ameisen und über andere interessante Details aus dem Ameisenleben zusammen.

Amerika (s. a. Schulwesen). Aus dem amerikanischen Wirtschaftsleben. Von Professor J. Laurence Laughlin.

Ein Amerikaner behandelt für de tsche Leser die Fragen, die augenblicklich im Vordergrunde de öffentlichen Lebens in Amerika stehen, auf Grund des Resultats eines sorgfältigen und eingehenden Studiums einer langen Reihe von Tatsachen: Den Wettbewerb zwischen den Vereinigten Staaten und Europa — Schutzzoll und Reziprozität in den Vereinigten Staaten — Die Arbeiterfrage in den Vereinigten Staaten — Die amerikanische Trustfrage — Die Eisenbahnfrage in den Vereinigten Staaten — Die Bankfrage in den Vereinigten Staaten — Die herrschenden volkswirtschaftlichen Ideen in den Vereinigten Staaten.

—————— Geschichte der Vereinigten Staaten von Amerika. Von Dr. E. Daenell.

Gibt in großen Zügen eine übersichtliche Darstellung der geschichtlichen, kulturgeschichtlichen und wirtschaftlichen Entwicklung der Vereinigten Staaten von den ersten Kolonisationsversuchen bis zur jüngsten Gegenwart mit besonderer Berücksichtigung der verschiedenen politischen, ethnographischen, sozialen und wirtschaftlichen Probleme, die zur Zeit die Amerikaner besonders bewegen.

Anthropologie s. Mensch.

Arbeiterschutz. Arbeiterschutz und Arbeiterversicherung. Von weil. Professor Dr. O. v. Zwiedineck-Südenhorst.

Das Buch bietet eine gedrängte Darstellung des gemeiniglich unter dem Titel „Arbeiterfrage" behandelten Stoffes; insbesondere treten die Fragen der Notwendigkeit, Zweckmäßigkeit und der ökonomischen Begrenzung der einzelnen Schutzmaßnahmen und Versicherungseinrichtungen in den Vordergrund.

Arithmetik und Algebra zum Selbstunterricht. Von Professor Dr. P. Crantz. I. Teil: Die Rechnungsarten. Gleichungen ersten Grades mit einer und mehreren Unbekannten. Gleichungen zweiten Grades. Mit 9 Figuren im Text.

Will in leicht faßlicher und für das Selbststudium geeigneter Darstellung über die Anfangsgründe der Arithmetik und Algebra unterrichten und behandelt die sieben Rechnungsarten, die Gleichungen ersten Grades mit einer und mehreren Unbekannten und die Gleichungen zweiten Grades mit einer Unbekannten, wobei auch die Logarithmen so ausführlich behandelt sind, daß jemand an der Hand des Buches sich auch vollständig mit dem Gebrauche der Logarithmentafeln vertraut machen kann.

Astronomie (s. a. Kalender; Mond; Weltall). Das astronomische Weltbild im Wandel der Zeit. Von Professor Dr. S. Oppenheim. Mit 24 Abbildungen im Text.

Schildert den Kampf der beiden hauptsächlichsten „Weltbilder", des die Erde und des die Sonne als Mittelpunkt betrachtenden, der einen bedeutungsvollen Abschnitt in der Kulturgeschichte der Menschheit bildet, wie er schon im Altertum bei den Griechen entstanden ist, anderthalb Jahrtausende später zu Beginn der Neuzeit durch Kopernikus von neuem aufgenommen wurde und da erst mit einem Siege des heliozentrischen Systems schloß.

Atome s. Moleküle.

Auge. Das Auge des Menschen und seine Gesundheitspflege. Von Privat=
dozent Dr. med. Georg Abelsdorff.

Schildert die Anatomie des menschlichen Auges sowie die Leistungen des Gesichtssinnes, be=
sonders soweit sie außer dem medizinischen ein allgemein wissenschaftliches oder ästhetisches
Interesse beanspruchen können, und behandelt die Gesundheitspflege (Hygiene) des Auges,
besonders Schädigungen, Erkrankungen und Verletzungen des Auges, Kurzsichtigkeit und er=
hebliche Augenkrankheiten, sowie die künstliche Beleuchtung.

Baukunst (s. a. Städtebilder). Deutsche Baukunst im Mittelalter. Von
Professor Dr. A. Matthaei. 2. Auflage. Mit Abbildungen im Text
und auf 2 Doppeltafeln.

Der Verfasser will mit der Darstellung der Entwicklung der deutschen Baukunst des Mittel=
alters zugleich über das Wesen der Baukunst als Kunst aufklären, indem er zeigt, wie sich im
Verlauf der Entwicklung die Raumvorstellung klärt und vertieft, wie das technische Können
wächst und die praktischen Aufgaben sich erweitern, wie die romanische Kunst geschaffen und
zur Gotik weiter entwickelt wird.

Beethoven s. Musik.

Befruchtungsvorgang. Der Befruchtungsvorgang, sein Wesen und
seine Bedeutung. Von Dr. Ernst Teichmann. Mit 7 Abbildungen im
Text und 4 Doppeltafeln.

Will die Ergebnisse der modernen Forschung, die sich mit dem Befruchtungsproblem
befaßt, darstellen. Ei und Samen, ihre Genese, ihre Reifung und ihre Vereinigung werden
behandelt, im Chromatin die materielle Grundlage der Vererbung aufgezeigt und als die
Bedeutung des Befruchtungsvorgangs eine Mischung der Qualitäten zweier Individuen.

Beleuchtungsarten. Die Beleuchtungsarten der Gegenwart. Von
Dr. phil. Wilhelm Brüsch. Mit 155 Abbildungen im Text.

Gibt einen Überblick über ein gewaltiges Arbeitsfeld deutscher Technik und Wissenschaft,
indem die technischen und wissenschaftlichen Bedingungen für die Herstellung einer wirtschaft=
lichen Lichtquelle und die Methoden für die Beurteilung ihres wirklichen Wertes für den
Verbraucher, die einzelnen Beleuchtungsarten sowohl hinsichtlich ihrer physikalischen und
chemischen Grundlagen als auch ihrer Technik und Herstellung behandelt werden.

Bevölkerungslehre. Von Professor Dr. M. Haushofer.

Will in gedrängter Form das Wesentliche der Bevölkerungslehre geben über Ermittlung der
Volkszahl, über Gliederung und Bewegung der Bevölkerung, Verhältnis der Bevölkerung zum
bewohnten Boden und die Ziele der Bevölkerungspolitik.

Bibel (s. a. Jesus; Religion). Der Text des Neuen Testaments nach seiner
geschichtlichen Entwicklung. Von Divisionspfarrer Aug. Pott. Mit 8 Tafeln.

Will in die das allgemeine Interesse an der Textkritik bekundende Frage: „Ist der ursprüng=
liche Text des Neuen Testamentes überhaupt noch herzustellen?" durch die Erörterung der
Verschiedenheiten des Luthertextes (des früheren, revidierten und durchgesehenen) und seines
Verhältnisses zum heutigen (deutschen) „berichtigten" Text, einführen, den „ältesten Spuren
des Textes" nachgehen, eine „Einführung in die Handschriften" wie die „ältesten Übersetzungen"
geben und in „Theorie und Praxis" zeigen, wie der Text berichtigt und rekonstruiert wird.

Bildungswesen (s. a. Schulwesen). Das deutsche Bildungswesen in seiner
geschichtlichen Entwickelung. Von Professor Dr. Friedrich Paulsen.

Auf beschränktem Raum löst der Verfasser die schwierige Aufgabe, indem er das Bildungs=
wesen stets im Rahmen der allgemeinen Kulturbewegung darstellt, so daß die gesamte Kultur=
entwicklung unseres Volkes in der Darstellung seines Bildungswesens wie in einem verkleinerten
Spiegelbild zur Erscheinung kommt. So wird aus dem Büchlein nicht nur für die Erkenntnis
der Vergangenheit, sondern auch für die Forderungen der Zukunft reiche Frucht erwachsen.

Aus Natur und Geisteswelt.

Jedes Bändchen geheftet 1 Mk., geschmackvoll gebunden 1 Mk. 25 Pfg.

Biologie s. Abstammungslehre; Ameisen; Befruchtungsvorgang; Leben; Meeresforschung; Pflanzen; Tierleben.

Botanik s. Obstbau; Pflanzen.

Buchwesen s. Illustrationskunst; Schriftwesen.

Buddha. Leben und Lehre des Buddha. Von Professor Dr. Richard Pischel. Mit 1 Tafel.

Gibt nach einer Übersicht über die Zustände Indiens zur Zeit des Buddha eine Darstellung des Lebens des Buddha, seiner Stellung zu Staat und Kirche, seiner Lehrweise, sowie seiner Lehre, seiner Ethik und der weiteren Entwicklung des Buddhismus.

Chemie (s. a. Haushalt; Metalle). Luft, Wasser, Licht und Wärme. Neun Vorträge aus dem Gebiete der Experimental-Chemie. Von Professor Dr. R. Blochmann. 2. Auflage. Mit zahlreichen Abbildungen im Text.

Führt unter besonderer Berücksichtigung der alltäglichen Erscheinungen des praktischen Lebens in das Verständnis der chemischen Erscheinungen ein.

Christentum (s. a. Bibel; Jesus; Religion). Aus der Werdezeit des Christentums. Studien und Charakteristiken. Von Professor Dr. J. Geffcken.

Gibt durch eine Reihe von Bildern eine Vorstellung von der Stimmung im alten Christentum und von seiner inneren Kraft und verschafft so ein Verständnis für die ungeheure und vielseitige welthistorische kultur- und religionsgeschichtliche Bewegung.

Dampf und Dampfmaschine. Von Professor Dr. R. Vater. Mit 44 Abbildungen.

Schildert die inneren Vorgänge im Dampfkessel und namentlich im Zylinder der Dampfmaschine, um so ein richtiges Verständnis des Wesens der Dampfmaschine und der in der Dampfmaschine sich abspielenden Vorgänge zu ermöglichen.

Darwinismus s. Abstammungslehre.

Deutschland s. Kolonien; Volksstämme; Wirtschaftsgeschichte.

Drama (s. a. Theater). Das deutsche Drama des neunzehnten Jahrhunderts. In seiner Entwicklung dargestellt von Professor Dr. G. Witkowski. 2. Auflage. Mit einem Bildnis Hebbels.

Sucht in erster Linie auf historischem Wege das Verständnis des Dramas der Gegenwart anzubahnen und berücksichtigt die drei Faktoren, deren jeweilige Beschaffenheit die Gestaltung des Dramas bedingt: Kunstanschauung, Schauspielkunst und Publikum.

Dürer. Albrecht Dürer. Von Dr. Rudolf Wustmann. Mit 33 Abbildungen im Text.

Eine schlichte und knappe Erzählung des gewaltigen menschlichen und künstlerischen Entwicklungsganges Albrecht Dürers und eine Darstellung seiner Kunst, in der nacheinander seine Selbst- und Angehörigenbildnisse, die Zeichnungen zur Apokalypse, die Darstellungen von Mann und Weib, das Marienleben, die Stiftungsgemälde, die Radierungen von Rittertum, Trauer und Heiligkeit sowie die wichtigsten Werke aus der Zeit der Reife behandelt werden.

Ehe und Eherecht. Von Professor Dr. Ludwig Wahrmund.

Schildert in gedrängter Fassung die historische Entwicklung des Ehebegriffes von den orientalischen und klassischen Völkern an nach seiner natürlichen, sittlichen und rechtlichen Seite und untersucht das Verhältnis von Staat und Kirche auf dem Gebiete des Eherechtes, behandelt darüber hinaus aber auch alle jene Fragen über die rechtliche Stellung der Frau und besonders der Mutter, die immer lebhafter die öffentliche Meinung beschäftigen.

Eisenbahnen (f. a. Technik; Verkehrsentwicklung). Die Eisenbahnen, ihre Entstehung und gegenwärtige Verbreitung. Von Professor Dr. F. Hahn. Mit zahlreichen Abbildungen im Text und einer Doppeltafel.

Nach einem Rückblick auf die frühesten Zeiten des Eisenbahnbaues führt der Verfasser die Eisenbahn im allgemeinen nach ihren Hauptmerkmalen vor. Der Bau des Bahnkörpers, der Tunnel, die großen Brückenbauten, sowie der Betrieb selbst werden besprochen, schließlich ein Überblick über die geographische Verbreitung der Eisenbahnen gegeben.

—————— Die Eisenbahnen der Gegenwart in ihrer technischen Entwicklung. Von Eisenbahnbau= und Betriebsinspektor E. Biedermann.

Nach einem geschichtlichen Überblick über die Entwicklung der Eisenbahnen werden die wichtigsten Gebiete der modernen Eisenbahntechnik behandelt. Insonderheit gelangen zur Darstellung der Oberbau, Entwicklung und Umfang der Spurbahnnetze in den verschiedenen Ländern, die Geschichte des Lokomotivenwesens bis zur Ausbildung der Heißdampflokomotiven einerseits und des elektrischen Betriebes andererseits, sowie der Sicherung des Betriebes durch Stellwerks= und Blockanlagen. Eine Reihe besonders lehrreicher Abbildungen und Zeichnungen sind zur Erhöhung der Anschaulichkeit beigegeben.

Eisenhüttenwesen. Das Eisenhüttenwesen. Erläutert in acht Vorträgen von Geh. Bergrat Professor Dr. H. Wedding. 2. Auflage. Mit 12 Figuren im Text.

Schildert in gemeinfaßlicher Weise, wie Eisen, das unentbehrlichste Metall, erzeugt und in seine Gebrauchsformen gebracht wird. Besonders wird der Hochofenprozeß nach seinen chemischen, physikalischen und geologischen Grundlagen geschildert, die Erzeugung der verschiedenen Eisenarten und die dabei in Betracht kommenden Prozesse erörtert.

Entdeckungen (f. a. Polarforschung). Das Zeitalter der Entdeckungen. Von Professor Dr. S. Günther. 2. Auflage. Mit einer Weltkarte.

Mit lebendiger Darstellungsweise sind hier die großen weltbewegenden Ereignisse der geographischen Renaissancezeit ansprechend geschildert, von der Begründung der portugiesischen Kolonialherrschaft und den Fahrten des Columbus an bis zu dem Hervortreten der französischen, britischen und holländischen Seefahrer.

Erde (f. a. Mensch und Erde; Wirtschaftsgeschichte). Aus der Vorzeit der Erde. Vorträge über allgemeine Geologie. Von Professor Dr. Fr. Frech. Mit 49 Abbildungen im Text und auf 5 Doppeltafeln.

Erörtert die interessantesten und praktisch wichtigsten Probleme der Geologie: die Tätigkeit der Vulkane, das Klima der Vorzeit, Gebirgsbildung, Korallenriffe, Talbildung und Erosion, Wildbäche und Wildbachverbauung.

Erfindungswesen f. Gewerbe.

Ernährung (f. a. Alkoholismus; Haushalt; Kaffee). Ernährung und Volks= nahrungsmittel. Sechs Vorträge von weil. Professor Dr. Johannes Frenzel. Mit 6 Abbildungen im Text und 2 Tafeln

Gibt einen Überblick über die gesamte Ernährungslehre. Durch Erörterung der grundlegenden Begriffe werden die Zubereitung der Nahrung und der Verdauungsapparat besprochen und endlich die Herstellung der einzelnen Nahrungsmittel, insbesondere auch der Konserven behandelt.

Farben f. Licht.

Frauenbewegung. Die moderne Frauenbewegung. Von Dr. Käthe Schirmacher.

Gibt einen Überblick über die Haupttatsachen der modernen Frauenbewegung in allen Ländern und schildert eingehend die Bestrebungen der modernen Frau auf dem Gebiet der Bildung, der Arbeit, der Sittlichkeit, der Soziologie und Politik.

Aus Natur und Geisteswelt.

Jedes Bändchen geheftet 1 Mk., geschmackvoll gebunden 1 Mk. 25 Pfg.

Frauenbewegung. Die Frauenarbeit, ein Problem des Kapitalismus. Von Privatdozent Dr. Robert Wilbrandt.

Das Thema wird als ein brennendes Problem behandelt, das uns durch den Kapitalismus aufgegeben worden ist, und behandelt von dem Verhältnis von Beruf und Mutterschaft aus, als dem zentralen Problem der ganzen Frage, die Ursachen der niedrigen Bezahlung der weiblichen Arbeit, die daraus entstehenden Schwierigkeiten in der Konkurrenz der Frauen mit den Männern, den Gegensatz von Arbeiterinnenschutz und Befreiung der weiblichen Arbeit.

Frauenleben. Deutsches Frauenleben im Wandel der Jahrhunderte. Von Direktor Dr. Ed. Otto. Mit 25 Abbildungen.

Gibt ein Bild des deutschen Frauenlebens von der Urzeit bis zum Beginn des 19. Jahrhunderts, von Denken und Fühlen, Stellung und Wirksamkeit der deutschen Frau, wie sie sich im Wandel der Jahrhunderte darstellen.

Friedrich Fröbel. Sein Leben und sein Wirken. Von Adele v. Portugall. Lehrt die grundlegenden Gedanken der Methode Fröbels kennen und gibt einen Überblick seiner wichtigsten Schriften mit Betonung aller jener Kernaussprüche, die treuen und oft ratlosen Müttern als Wegweiser in Ausübung ihres hehrsten und heiligsten Berufes dienen können.

Fürstentum. Deutsches Fürstentum und deutsches Verfassungswesen. Von Professor Dr. E. Hubrich.

Der Verfasser zeigt in großen Umrissen den Weg, auf dem deutsches Fürstentum und deutsche Volksfreiheit zu dem in der Gegenwart geltenden wechselseitigen Ausgleich gelangt sind, unter besonderer Berücksichtigung der preußischen Verfassungsverhältnisse. Nach kürzerer Beleuchtung der älteren Verfassungspartie schildert der Verfasser die Begründung des fürstlichen Absolutismus und demgegenüber das Erwachen, Fortschreiten und Siegen des modernen Konstitutionalismus.

Gasmaschinen s. Wärmekraftmaschinen.

Geographie s. Entdeckungen; Japan; Kolonien; Mensch; Palästina; Polarforschung; Volksstämme; Wirtschaftsleben.

Geologie s. Erde.

Germanen. Germanische Kultur in der Urzeit. Von Dr. G. Steinhausen. Mit 17 Abbildungen.

Das Büchlein beruht auf eingehender Quellenforschung und gibt in fesselnder Darstellung einen Überblick über germanisches Leben von der Urzeit bis zur Berührung der Germanen mit der römischen Kultur.

—————— Germanische Mythologie. Von Dr. Julius von Negelein.

Der Verfasser gibt ein Bild germanischen Glaubenslebens, indem er die Äußerungen religiösen Lebens namentlich auch im Kultus und in den Gebräuchen des Aberglaubens aufsucht, sich überall bestrebt, das zugrunde liegende psychologische Motiv zu entdecken, die verwirrende Fülle mythischer Tatsachen und einzelner Namen aber demgegenüber zurücktreten läßt.

Geschichte (s. a. Amerika; Bildungswesen; Entdeckungen; Frauenleben; Fürstentum; Germanen; Japan; Jesuiten; Ingenieurtechnik; Kalender; Kriegswesen; Kultur; Kunstgeschichte; Literaturgeschichte; Luther; Münze; Musik; Palästina; Pompeji; Rom; Schulwesen; Städtewesen; Volksstämme; Welthandel; Wirtschaftsgeschichte).

6

Aus Natur und Geisteswelt.

Jedes Bändchen geheftet 1 Mk., geschmackvoll gebunden 1 Mk. 25 Pfg.

Geschichte. Politische Hauptströmungen in Europa im 19. Jahrhundert. Von Professor Dr. K. Th. Heigel.

Bietet eine knappe Darstellung der wichtigsten politischen Ereignisse vom Ausbruche der französischen Revolution bis zum Ausgang des 19. Jahrhunderts, womit eine Schilderung der politischen Ideen Hand in Hand geht und wobei überall Ursache und Folge, d. h. der innere Zusammenhang der einzelnen Vorgänge, dargelegt, auch Sinnesart und Taten wenigstens der einflußreichsten Persönlichkeiten gewürdigt werden.

———— Von Luther zu Bismarck. 12 Charakterbilder aus deutscher Geschichte. Von Professor Dr. Ottokar Weber. 2 Bändchen.

Ein knappes und doch eindrucksvolles Bild der nationalen und kulturellen Entwickelung der Neuzeit, das aus den vier Jahrhunderten je drei Persönlichkeiten herausgreift, die bestimmend eingegriffen haben in den Werdegang deutscher Geschichte. Der große Reformator, Regenten großer und kleiner Staaten, Generale, Diplomaten kommen zu Wort. Was Martin Luther einst geträumt: ein nationales deutsches Kaiserreich, unter Bismarck steht es begründet da.

———— 1848. Sechs Vorträge von Professor Dr. Ottokar Weber.

Bringt auf Grund des überreichen Materials in knapper Form eine Darstellung der wichtigen Ereignisse des Jahres 1848, dieser nahezu über ganz Europa verbreiteten großen Bewegung in ihrer bis zur Gegenwart reichenden Wirkung.

———— Restauration und Revolution. Skizzen zur Entwicklungsgeschichte der deutschen Einheit. Von Professor Dr. Richard Schwemer.

———— Die Reaktion und die neue Ära. Skizzen zur Entwickelungsgeschichte der Gegenwart. Von Professor Dr. Richard Schwemer.

———— Vom Bund zum Reich. Neue Skizzen zur Entwickelungsgeschichte der deutschen Einheit. Von Professor Dr. Richard Schwemer.

Die 3 Bändchen geben zusammen eine in Auffassung und Darstellung durchaus eigenartige Geschichte des deutschen Volkes im 19. Jahrhundert. „Restauration und Revolution" behandelt das Leben und Streben des deutschen Volkes in der ersten Hälfte des 19. Jahrhunderts, von dem ersten Aufleuchten des Gedankens des nationalen Staates bis zu dem tragischen Sturze in der Mitte des Jahrhunderts. „Die Reaktion und die neue Ära", beginnend mit der Zeit der Ermattung nach dem großen Aufschwung von 1848, stellt in den Mittelpunkt des Prinzen von Preußen und Otto von Bismarcks Schaffen. „Vom Bund zum Reich" zeigt uns Bismarck mit sicherer Hand die Grundlage des Reiches vorbereitend und dann immer entschiedener allem Geschehenen das Gepräge seines Geistes verleihend.

Gesundheitslehre (s. a. Alkoholismus; Ernährung; Haushalt; Heilwissenschaft; Leibesübungen; Mensch; Nervensystem; Schulhygiene; Stimme; Tuberkulose). Acht Vorträge aus der Gesundheitslehre. Von Professor Dr. H. Buchner. 2. Auflage, besorgt von Professor Dr. M. Gruber. Mit zahlreichen Abbildungen im Text.

In klarer und überaus fesselnder Darstellung unterrichtet der Verfasser über die äußeren Lebensbedingungen des Menschen, über das Verhältnis von Luft, Licht und Wärme zum menschlichen Körper, über Kleidung und Wohnung, Bodenverhältnisse und Wasserversorgung, die Krankheiten erzeugenden Pilze und die Infektionskrankheiten, kurz über wichtige Fragen der Hygiene.

Gewerbe. Der gewerbliche Rechtsschutz in Deutschland. Von Patentanwalt B. Tolksdorf.

Nach einem allgemeinen Überblick über Entstehung und Entwicklung des gewerblichen Rechtsschutzes und einer Bestimmung der Begriffe Patent und Erfindung wird zunächst das deutsche

Patentrecht behandelt, wobei der Gegenstand des Patentes, der Patentberechtigte, das Verfahren in Patentsachen, die Rechte und Pflichten des Patentinhabers, das Erlöschen des Patentrechtes und die Verletzung und Anmaßung des Patentschutzes erörtert werden. Sodann wird das Muster- und Warenzeichenrecht dargestellt und dabei besonders Art und Gegenstand der Muster, ihre Nachbildung, Eintragung, Schutzdauer und Löschung klargelegt. Ein weiterer Abschnitt befaßt sich mit den internationalen Verträgen und dem Ausstellungsschutz. Zum Schlusse wird noch die Stellung der Patentanwälte besprochen.

Handfertigkeit s. Knabenhandarbeit.

Handwerk. Das deutsche Handwerk in seiner kulturgeschichtlichen Entwicklung. Von Direktor Dr. Ed. Otto. 2. Aufl. Mit 27 Abbildungen auf 8 Tafeln.

Eine Darstellung der Entwicklung des deutschen Handwerks bis in die neueste Zeit, der großen Umwälzung aller wirtschaftlichen Verhältnisse im Zeitalter der Eisenbahnen und Dampfmaschinen und der Handwerkerbewegungen des 19. Jahrhunderts, wie des älteren Handwerkslebens, seiner Sitten, Bräuche und Dichtung.

Haus (s. a. Kunst). Das deutsche Haus und sein Hausrat. Von Professor Dr. Rudolf Meringer. Mit 106 Abbildungen, darunter 85 von Professor A. von Schroetter.

Das Buch will das Interesse an dem deutschen Haus, wie es geworden ist, fördern; mit zahlreichen künstlerischen Illustrationen ausgestattet, behandelt es nach dem „Herdhaus" das oberdeutsche Haus, führt dann anschaulich die Einrichtung der für dieses charakteristischen Stube, den Ofen, den Tisch, das Eßgerät vor und gibt einen Überblick über die Herkunft von Haus und Hausrat.

———— Kulturgeschichte des deutschen Bauernhauses. Von Regierungsbaumeister a. D. Chr. Ranck. Mit 70 Abbildungen.

Der Verfasser führt den Leser in das Haus des germanischen Landwirtes und zeigt dessen Entwicklung, wendet sich dann dem Hause der skandinavischen Bauern zu, um hierauf die Entwicklung des deutschen Bauernhauses während des Mittelalters darzustellen und mit einer Schilderung der heutigen Form des deutschen Bauernhauses zu schließen.

Haushalt (s. a. Kaffee). Die Naturwissenschaften im Haushalt. Von Dr. J. Bongardt. 2 Bändchen.

I. Teil: Wie sorgt die Hausfrau für die Gesundheit der Familie? Mit 31 Abbildungen.
II. Teil: Wie sorgt die Hausfrau für gute Nahrung? Mit 17 Abbildungen.

Selbst gebildete Hausfrauen können sich Fragen nicht beantworten wie die, weshalb sie z. B. kondensierte Milch auch in der heißen Zeit in offenen Gefäßen aufbewahren können, weshalb sie hartem Wasser Soda zusetzen, weshalb Obst im kupfernen Kessel nicht erkalten soll. Da soll hier an der Hand einfacher Beispiele, unterstützt durch Experimente und Abbildungen, das naturwissenschaftliche Denken der Leserinnen so geschult werden, daß sie befähigt werden, auch solche Fragen selbst zu beantworten, die das Buch unberücksichtigt läßt.

———— Chemie in Küche und Haus. Von Professor Dr. G. Abel. Mit Abbildungen im Text und einer mehrfarbigen Doppeltafel.

Das Bändchen will Gelegenheit bieten, die in Küche und Haus täglich sich vollziehenden chemischen und physikalischen Prozesse richtig zu beobachten und nutzbringend zu verwerten. So wird Heizung und Beleuchtung, vor allem aber die Ernährung erörtert, werden tierische und pflanzliche Nahrungsmittel, Genußmittel und Getränke behandelt.

Haydn s. Musik.

Aus Natur und Geisteswelt.

Jedes Bändchen geheftet 1 Mk., geschmackvoll gebunden 1 Mk. 25 Pfg.

Heilwissenschaft (s. a. Auge; Gesundheitslehre). Die moderne Heilwissenschaft. Wesen und Grenzen des ärztlichen Wissens. Von Dr. E. Biernacki. Deutsch von Badearzt Dr. S. Ebel.

Will in den Inhalt des ärztlichen Wissens und Könnens von einem allgemeineren Standpunkte aus einführen, indem die geschichtliche Entwicklung der medizinischen Grundbegriffe, die Leistungsfähigkeit und die Fortschritte der modernen Heilkunst, die Beziehungen zwischen der Diagnose und der Behandlung der Krankheit, sowie die Grenzen der modernen Diagnostik behandelt werden.

—————— Der Aberglaube in der Medizin und seine Gefahr für Gesundheit und Leben. Von Professor Dr. D. von Hansemann.

Behandelt alle menschlichen Verhältnisse, die in irgend einer Beziehung zu Leben und Gesundheit stehen, besonders mit Rücksicht auf viele schädliche Aberglauben, die geeignet sind, Krankheiten zu fördern, die Gesundheit herabzusetzen und auch in moralischer Beziehung zu schädigen.

Hilfsschulwesen. Vom Hilfsschulwesen. Von Rektor Dr. B. Maennel.

Es wird in kurzen Zügen eine Theorie und Praxis der Hilfsschulpädagogik gegeben. An Hand der vorhandenen Literatur und auf Grund von Erfahrungen wird nicht allein zusammengestellt, was bereits geleistet worden ist, sondern auch hervorgehoben, was noch der Entwicklung und Bearbeitung harrt.

Japan (s. a. Kunst). Die Japaner und ihre wirtschaftliche Entwicklung. Von Professor Dr. K. Rathgen.

Vermag auf Grund eigener langjähriger Erfahrung ein wirkliches Verständnis der merkwürdigen und für uns wirtschaftlich so wichtigen Erscheinung der fabelhaften Entwicklung Japans zu eröffnen.

Jesuiten. Die Jesuiten. Eine historische Skizze von Professor Dr. H. Boehmer.

Ein Büchlein nicht für oder gegen, sondern über die Jesuiten, also der Versuch einer gerechten Würdigung des vielgenannten Ordens, das nicht nur von der sogenannten Jesuitenmoral oder von der Ordensverfassung, sondern auch von der Jesuitenschule, von den Leistungen des Ordens auf dem Gebiete der geistigen Kultur, von dem Jesuitenstaate usw. handelt.

Jesus (s. a. Bibel; Christentum; Religion). Die Gleichnisse Jesu. Zugleich Anleitung zu einem quellenmäßigen Verständnis der Evangelien. Von Lic. Professor Dr. H. Weinel. 2. Auflage.

Will gegenüber kirchlicher und nichtkirchlicher Allegorisierung der Gleichnisse Jesu mit ihrer richtigen, wörtlichen Auffassung bekannt machen und verbindet damit eine Einführung in die Arbeit der modernen Theologie.

—————— Jesus und seine Zeitgenossen. Von Pastor K. Bonhoff.

Die ganze Herbheit und köstliche Frische des Volkskindes, die hinreißende Hochherzigkeit und prophetische Überlegenheit des genialen Volksmannes, die reife Weisheit des Jüngerbildners und die religiöse Tiefe und Weite des Evangeliumverkünders von Nazareth wird erst empfunden, wenn man ihn in seinem Verkehr mit den ihn umgebenden Menschengestalten, Volks- und Parteigruppen zu verstehen sucht, wie es dieses Büchlein tun will.

—————— Wahrheit und Dichtung im Leben Jesu. Von Pfarrer Dr. Paul Mehlhorn.

Will zeigen, was von dem im Neuen Testament uns überlieferten Leben Jesu als wirklicher Tatbestand festzuhalten, was als Sage oder Dichtung zu betrachten ist, durch Darlegung der Grundsätze, nach denen die Scheidung des geschichtlich Glaubwürdigen und der es umrankenden Phantasiegebilde vorzunehmen ist und durch Vollziehung der so gekennzeichneten Art chemischer Analyse an den wichtigsten Stoffen des „Lebens Jesu".

Aus Natur und Geisteswelt.

Jedes Bändchen geheftet 1 Mk., geschmackvoll gebunden 1 Mk. 25 Pfg.

Illustrationskunst. Die deutsche Illustration. Von Professor Dr. Rudolf Kautzsch. Mit 35 Abbildungen.

Behandelt ein besonders wichtiges und besonders lehrreiches Gebiet der Kunst und leistet zugleich, indem es an der Hand der Geschichte das Charakteristische der Illustration als Kunst zu erforschen sucht, ein gut Stück „Kunsterziehung".

Ingenieurtechnik. Schöpfungen der Ingenieurtechnik der Neuzeit. Von Baurat Kurt Merckel. 2. Auflage. Mit 55 Abbildungen im Text und auf Tafeln.

Führt eine Reihe hervorragender und interessanter Ingenieurbauten nach ihrer technischen und wirtschaftlichen Bedeutung vor: die Gebirgsbahnen, die Bergbahnen, und als deren Vorläufer die bedeutenden Gebirgsstraßen der Schweiz und Tirols, die großen Eisenbahnverbindungen in Asien, endlich die modernen Kanal- und Hafenbauten.

—————— Bilder aus der Ingenieurtechnik. Von Baurat Kurt Merckel. Mit 43 Abbildungen im Text und auf einer Doppeltafel.

Zeigt in einer Schilderung der Ingenieurbauten der Babylonier und Assyrer, der Ingenieurtechnik der alten Ägypter unter vergleichsweiser Behandlung der modernen Irrigationsanlagen daselbst, der Schöpfungen der antiken griechischen Ingenieure, des Städtebaues im Altertum und der römischen Wasserleitungsbauten die hohen Leistungen der Völker des Altertums.

Israel s. Religion.

Kaffee (s. a. Ernährung; Haushalt). Die narkotischen Aufgußgetränke. Von Professor Dr. Wieler. Mit zahlreichen Abbildungen.

Behandelt, durch zweckentsprechende Abbildungen unterstützt, Kaffee, Tee und Kakao eingehender, Mate und Kola kürzer, in bezug auf die botanische Abstammung, die natürliche Verbreitung der Stammpflanzen, die Verbreitung ihrer Kultur, die Wachstumsbedingungen und die Kulturmethoden, die Erntezeit und die Ernte, endlich die Gewinnung der fertigen Ware, wie der Weltmarkt sie aufnimmt, aus dem geernteten Produkte.

Kakao s. Kaffee.

Kalender. Der Kalender. Von Professor Dr. W. F. Wislicenus.

Erklärt die astronomischen Erscheinungen, die für unsere Zeitrechnung von Bedeutung sind, und schildert die historische Entwicklung des Kalenderwesens vom römischen Kalender ausgehend, den Werdegang der christlichen Kalender bis auf die neueste Zeit verfolgend, setzt ihre Einrichtungen auseinander und lehrt die Berechnung kalendarischer Angaben für Vergangenheit und Zukunft, sie durch zahlreiche Beispiele erläuternd.

Kant (s. a. Philosophie). Immanuel Kant; Darstellung und Würdigung. Von Professor Dr. O. Külpe. Mit einem Bildnisse Kants.

Kant hat durch seine grundlegenden Werke ein neues Fundament für die Philosophie aller Völker und Zeiten geschaffen. Dieses in seiner Tragfähigkeit für moderne Ideen darzustellen, hat sich der Verfasser zur Aufgabe gestellt. Es ist ihm gelungen, den wirklichen Kant mit historischer Treue zu schildern und doch auch zu beleuchten, wie die Nachwelt berufen ist, hinauszustreben über die Anschauungen des gewaltigen Denkers, da auch er ein Kind seiner Zeit ist und manche seiner Lehrmeinungen vergänglicher Art sein müssen.

Knabenhandarbeit. Die Knabenhandarbeit in der heutigen Erziehung. Von Seminardirektor Dr. Alw. Pabst. Mit 21 Abbildungen im Text und 1 Titelbild.

Gibt einen Überblick über die Geschichte des Knabenhandarbeitsunterrichts, untersucht seine Stellung im Lichte der modernen pädagogischen Strömungen und erhärtet seinen Wert als Erziehungsmittel, erörtert sodann die Art des Betriebes in den verschiedenen Schulen und gibt zum Schlusse eine vergleichende Darstellung der Systeme in den verschiedenen Ländern.

Kolonien. Die deutschen Kolonien. Land und Leute. Von Dr. Adolf Heilborn. Mit zahlreichen Abbildungen und 2 Karten.

Bringt auf engem Raume eine durch Abbildungen und Karten unterstützte, wissenschaftlich genaue Schilderung der deutschen Kolonien, sowie eine einwandfreie Darstellung ihrer Völker nach Nahrung und Kleidung, Haus und Gemeindeleben, Sitte und Recht, Glaube und Aberglaube, Arbeit und Vergnügen, Gewerbe und Handel, Waffen und Kampfesweise.

Kriegswesen. Vom Kriegswesen im 19. Jahrhundert. Zwanglose Skizzen von Major O. von Sothen. Mit 9 Übersichtskärtchen.

In einzelnen Abschnitten wird insbesondere die Napoleonische und Moltkesche Kriegführung an Beispielen (Jena = Königgrätz = Sedan) dargestellt und durch Kartenskizzen erläutert. Damit verbunden sind kurze Schilderungen der preußischen Armee von 1806 und nach den Befreiungskriegen, sowie nach der Reorganisation von 1860, endlich des deutschen Heeres von 1870 bis zur Jetztzeit.

—————— Der Seekrieg. Seine geschichtliche Entwicklung vom Zeitalter der Entdeckungen bis zur Gegenwart. Von Kurt Freiherr von Maltzahn, Vize=Admiral a. D.

Der Verf. bringt den Seekrieg als Kriegsmittel wie als Mittel der Politik zur Darstellung, indem er zunächst die Entwicklung der Kriegsflotte und der Seekriegsmittel schildert und dann die heutigen Weltwirtschaftsstaaten und den Seekrieg behandelt, wobei er besonders das Abhängigkeitsverhältnis, in dem unsere Weltwirtschaftsstaaten kommerziell und politisch zu den Verkehrswegen der See stehen, darstellt.

Kultur (s. a. Germanen; Geschichte; griech. Städtebilder). Die Anfänge der menschlichen Kultur. Von Professor Dr. Ludwig Stein.

Behandelt in der Überzeugung, daß die Kulturprobleme der Gegenwart sich uns nur durch einen tieferen Einblick in ihren Werdegang erschließen, Natur und Kultur, den vorgeschichtlichen Menschen, die Anfänge der Arbeitsteilung, die Anfänge der Rassenbildung, ferner die Anfänge der wirtschaftlichen, intellektuellen, moralischen und sozialen Kultur.

Kunst (s. a. Baukunst; Dürer; Städtebilder; Illustrationskunst; Schriftwesen). Bau und Leben der bildenden Kunst. Von Direktor Dr. Theodor Volbehr. Mit 44 Abbildungen.

Führt von einem neuen Standpunkte aus in das Verständnis des Wesens der bildenden Kunst ein, erörtert die Grundlagen der menschlichen Gestaltungskraft und zeigt, wie das künstlerische Interesse sich allmählich weitere und immer weitere Stoffgebiete erobert.

—————— Kunstpflege in Haus und Heimat. Von Superintendent R. Bürkner. Mit 14 Abbildungen.

Will, ausgehend von der Überzeugung, daß zu einem vollen Menschsein und Volkstum die Pflege des Schönen unabweisbar gehört, die Augen zum rechten Sehen öffnen lehren und die ganze Lebensführung, Kleidung und Häuslichkeit ästhetisch gestalten, um so auch zur Erkenntnis dessen zu führen, was an Heimatkunst und Heimatschatz zu hegen ist, und auf diesem großen Gebiete persönlichen und allgemeinen ästhetischen Lebens ein praktischer Ratgeber sein.

—————— Die ostasiatische Kunst und ihre Einwirkung auf Europa. Von Direktor Dr. R. Graul. Mit 49 Abbildungen im Text und auf 1 Doppeltafel.

Bringt die bedeutungsvolle Einwirkung der japanischen und chinesischen Kunst auf die europäische zur Darstellung unter Mitteilung eines reichen Bildermaterials, den Einfluß Chinas auf die Entwicklung der zum Rokoko drängenden freien Richtungen in der dekorativen Kunst des 18. Jahrhunderts wie den auf die Entwicklung des 19. Jahrhunderts. Der Verfasser weist auf die Beziehungen der Malerei und Farbendruckkunst Japans zum Impressionismus der modernen europäischen Kunst hin.

Leben. Die Erscheinungen des Lebens. Grundprobleme der modernen Biologie. Von Privatdozent Dr. H. Miehe. Mit 46 Figuren im Text.

Versucht eine umfassende Totalansicht des organischen Lebens zu geben, indem nach einer Erörterung der spekulativen Vorstellungen über das Leben und einer Beschreibung des Protoplasmas und der Zelle die hauptsächlichsten Aeußerungen des Lebens behandelt werden, als Entwicklung, Ernährung, Atmung, das Sinnesleben, die Fortpflanzung, der Tod, die Variabilität und im Anschluß daran die Theorien über Entstehung und Entwicklung der Lebewelt, sowie die mannigfachen Beziehungen der Lebewesen untereinander.

Leibesübungen. Die Leibesübungen und ihre Bedeutung für die Gesundheit. Von Professor Dr. R. Zander. 2. Auflage. Mit 19 Abbildungen.

Will darüber aufklären, weshalb und unter welchen Umständen die Leibesübungen segensreich wirken, indem es ihr Wesen, andererseits die in Betracht kommenden Organe bespricht; erörtert besonders die Wechselbeziehungen zwischen körperlicher und geistiger Arbeit, die Leibesübungen der Frauen, die Bedeutung des Sportes und die Gefahren der sportlichen Übertreibungen.

Licht (s. a. Beleuchtungsarten; Chemie). Das Licht und die Farben. Sechs Vorlesungen, gehalten im Volkshochschulverein München von Professor Dr. L. Graetz. 2. Auflage. Mit 116 Abbildungen.

Führt, von den einfachsten optischen Erscheinungen ausgehend, zur tieferen Einsicht in die Natur des Lichtes und der Farben, behandelt, ausgehend von der scheinbar geradlinigen Ausbreitung, Zurückwerfung und Brechung des Lichtes, das Wesen der Farben, die Beugungserscheinungen und die Photographie.

Literaturgeschichte s. Drama; Schiller; Theater; Volkslied.

Luther (s. a. Geschichte). Luther im Lichte der neueren Forschung. Ein kritischer Bericht. Von Professor Dr. H. Boehmer.

Versucht durch sorgfältige historische Untersuchung eine erschöpfende Darstellung von Luthers Leben und Wirken zu geben, die Persönlichkeit des Reformators aus ihrer Zeit heraus zu erfassen, ihre Schwächen und Stärken beleuchtend zu einem wahrheitsgetreuen Bilde zu gelangen, und gibt so nicht nur ein psychologisches Porträt, sondern bietet zugleich ein interessantes Stück Kulturgeschichte.

Mädchenschule (s. a. Bildungswesen; Schulwesen). Die höhere Mädchenschule in Deutschland. Von Oberlehrerin M. Martin.

Bietet aus berufenster Feder eine Darstellung der Ziele, der historischen Entwicklung, der heutigen Gestalt und der Zukunftsaufgaben der höheren Mädchenschulen.

Mathematik s. Arithmetik.

Meeresforschung. Meeresforschung und Meeresleben. Von Dr. O. Janson. Mit 41 Figuren.

Schildert kurz und lebendig die Fortschritte der modernen Meeresuntersuchung auf geographischem, physikalisch-chemischem und biologischem Gebiete, die Verteilung von Wasser und Land auf der Erde, die Tiefen des Meeres, die physikalischen und chemischen Verhältnisse des Meerwassers, endlich die wichtigsten Organismen des Meeres, die Pflanzen und Tiere.

Mensch (s. a. Auge; Kultur; Stimme). Der Mensch. Sechs Vorlesungen aus dem Gebiete der Anthropologie. Von Dr. Adolf Heilborn. Mit zahlreichen Abbildungen.

Stellt die Lehren der „Wissenschaft aller Wissenschaften" streng sachlich und doch durchaus volkstümlich dar: das Wissen vom Ursprung des Menschen, die Entwicklungsgeschichte des Individuums, die künstlerische Betrachtung der Proportionen des menschlichen Körpers und die streng wissenschaftlichen Meßmethoden (Schädelmessung usf.), behandelt ferner die Menschenrassen, die rassenanatomischen Verschiedenheiten, den Tertiärmenschen.

Aus Natur und Geisteswelt.

Jedes Bändchen geheftet 1 Mk., geschmackvoll gebunden 1 Mk. 25 Pfg.

Mensch. Bau und Tätigkeit des menschlichen Körpers. Von Privatdozent Dr. H. Sachs. 2. Auflage. Mit 37 Abbildungen.

Stellt eine Reihe schematischer Abbildungen dar, erläutert die Einrichtung und die Tätigkeit der einzelnen Organe des Körpers und zeigt dabei vor allem, wie diese einzelnen Organe in ihrer Tätigkeit aufeinander einwirken, miteinander zusammenhängen und so den menschlichen Körper zu einem einheitlichen Ganzen, zu einem wohlgeordneten Staate machen.

—————— Die Seele des Menschen. Von Professor Dr. J. Rehmke. 2. Auflage.

Behandelt, von der Tatsache ausgehend, daß der Mensch eine Seele habe, die ebenso gewiß sei wie die andere, daß der Körper eine Gestalt habe, das Seelenwesen und das Seelenleben und erörtert, unter Abwehr der materialistischen und halbmaterialistischen Anschauungen, von dem Standpunkt aus, daß die Seele Unkörperliches Immaterielles sei, nicht etwa eine Bestimmtheit des menschlichen Einzelwesens, auch nicht eine Wirkung oder eine „Funktion" des Gehirns, die verschiedenen Tätigkeitsäußerungen des als Seele Erkannten.

—————— Die fünf Sinne des Menschen. Von Professor Dr. Jos. Clem. Kreibig. Mit 30 Abbildungen im Text.

Beantwortet die Fragen über die Bedeutung, Anzahl, Benennung und Leistungen der Sinne in gemeinfaßlicher Weise, indem das Organ und seine Funktionsweise, dann die als Reiz wirkenden äußeren Ursachen und zuletzt der Inhalt, die Stärke, das räumliche und zeitliche Merkmal der Empfindungen besprochen werden.

—————— und Erde. Mensch und Erde. Skizzen von den Wechselbeziehungen zwischen beiden. Von Professor Dr. A. Kirchhoff. 2. Auflage.

Zeigt, wie die Ländernatur auf den Menschen und seine Kultur einwirkt, durch Schilderungen allgemeiner und besonderer Art, über Steppen und Wüstenvölker, über die Entstehung von Nationen, wie Deutschland und China u. a. m.

—————— und Tier. Der Kampf zwischen Mensch und Tier. Von Professor Dr. Karl Eckstein. Mit 31 Abbildungen im Text.

Der hohe wirtschaftliche Bedeutung beanspruchende Kampf erfährt eine eingehende, ebenso interessante wie lehrreiche Darstellung; besonders werden die Kampfmittel beider Gegner geschildert, Schutzwaffen, Fallen, Gifte, oder auch besondere Wirtschaftsmethoden, dort spitzige Kralle, scharfer Zahn, furchtbares Gift, List und Gewandtheit, der Schutzfärbung und Anpassungsfähigkeit nicht zu vergessen.

Menschenleben. Aufgaben und Ziele des Menschenlebens. Von Dr. J. Unold. 2. Auflage.

Beantwortet die Frage: Gibt es keine bindenden Regeln des menschlichen Handelns? in zuversichtlich bejahender, zugleich wohl begründeter Weise und entwirft die Grundzüge einer wissenschaftlich haltbaren und für eine nationale Erziehung brauchbaren Lebensanschauung und Lebensordnung.

Metalle. Die Metalle. Von Professor Dr. K. Scheid. Mit 16 Abbildungen.

Behandelt die für Kulturleben und Industrie wichtigen Metalle, schildert die mutmaßliche Bildung der Erze, die Gewinnung der Metalle aus den Erzen, das Hüttenwesen mit seinen verschiedenen Systemen, die Fundorte der Metalle, ihre Eigenschaften und Verwendung, unter Angabe historischer, kulturgeschichtlicher und statistischer Daten, sowie die Verarbeitung der Metalle.

Meteorologie s. Wetter.

Mikroskop (s. a. Optik). Das Mikroskop, seine Optik, Geschichte und Anwendung, gemeinverständlich dargestellt. Von Dr. W. Scheffer. Mit 66 Abbildungen im Text und einer Tafel.

Nach Erläuterung der optischen Konstruktion und Wirkung des Mikroskops, und Darstellung der historischen Entwicklung wird eine Beschreibung der modernsten Mikroskoptypen, Hilfsapparate und Instrumente gegeben, endlich gezeigt, wie die mikroskopische Untersuchung die Einsicht in Naturvorgänge vertieft.

Aus Natur und Geisteswelt.

Jedes Bändchen geheftet 1 Mk., geschmackvoll gebunden 1 Mk. 25 Pfg.

Moleküle. Moleküle — Atome — Weltäther. Von Professor Dr. G. Mie. Mit 27 Figuren im Text.

Stellt die physikalische Atomlehre als die kurze, logische Zusammenfassung einer großen Menge physikalischer Tatsachen unter einem Begriffe dar, die ausführlich und nach Möglichkeit als einzelne Experimente geschildert werden.

Mond (s. a. Weltall). Der Mond. Von Professor Dr. J. Franz. Mit 31 Abbildungen im Text und auf 2 Doppeltafeln.

Gibt die Ergebnisse der neueren Mondforschung wieder, erörtert die Mondbewegung und Mondbahn, bespricht den Einfluß des Mondes auf die Erde und behandelt die Fragen der Oberflächenbedingungen des Mondes und die charakteristischen Mondgebilde anschaulich zusammengefaßt in „Beobachtungen eines Mondbewohners", endlich die Bewohnbarkeit des Mondes.

Mozart s. Musik.

Münze. Die Münze als historisches Denkmal sowie ihre Bedeutung im Rechts- und Wirtschaftsleben. Von Dr. A. Luschin v. Ebengreuth. Mit 53 Abbildungen im Text.

Zeigt, wie Münzen als geschichtliche Überbleibsel der Vergangenheit zur Aufhellung der wirtschaftlichen Zustände und der Rechtseinrichtungen früherer Zeiten dienen, die verschiedenen Arten von Münzen, ihre äußeren und inneren Merkmale sowie ihre Herstellung werden in historischer Entwicklung dargelegt und im Anschluß daran Münzsammlern beherzigenswerte Winke gegeben.

Musik. Einführung in das Wesen der Musik. Von Professor C. R. Hennig.

Die hier gegebene Ästhetik der Tonkunst untersucht das Wesen des Tones als eines Kunstmaterials; sie prüft die Natur der Darstellungsmittel und untersucht die Objekte der Darstellung, indem sie klarlegt, welche Ideen im musikalischen Kunstwerke gemäß der Natur des Tonmateriales und der Darstellungsmittel in idealer Gestaltung zur Darstellung gebracht werden können.

—————— Geschichte der Musik. Von Dr. Friedrich Spiro.

Gibt in großen Zügen eine übersichtliche äußerst lebendig gehaltene Darstellung von der Entwicklung der Musik vom Altertum bis zur Gegenwart mit besonderer Berücksichtigung der führenden Persönlichkeiten und der großen Strömungen und unter strenger Ausscheidung alles dessen, was für die Entwicklung der Musik ohne Bedeutung war.

—————— Haydn, Mozart, Beethoven. Mit vier Bildnissen auf Tafeln. Von Professor Dr. C. Krebs.

Eine Darstellung des Entwicklungsganges und der Bedeutung eines jeden der drei großen Komponisten für die Musikgeschichte. Sie gibt mit wenigen, aber scharfen Strichen ein Bild der menschlichen Persönlichkeit und des künstlerischen Wesens der drei Heroen mit Hervorhebung dessen, was ein jeder aus seiner Zeit geschöpft und was er aus eignem hinzugebracht hat.

Muttersprache. Entstehung und Entwicklung unserer Muttersprache. Von Professor Dr. Wilhelm Uhl. Mit vielen Abbildungen im Text und auf Tafeln, sowie mit 1 Karte.

Eine Zusammenfassung der Ergebnisse der sprachlich-wissenschaftlich lautphysiologischen wie der philologisch-germanistischen Forschung, die Ursprung und Organ, Bau und Bildung, andererseits die Hauptperioden der Entwicklung unserer Muttersprache zur Darstellung bringt.

Mythologie s. Germanen.

Nahrungsmittel s. Alkoholismus; Chemie; Ernährung; Haushalt; Kaffee.

Aus Natur und Geisteswelt.

Jedes Bändchen geheftet 1 Mk., geschmackvoll gebunden 1 Mk. 25 Pfg.

Nationalökonomie s. Arbeiterschutz; Bevölkerungslehre; Soziale Bewegungen; Frauenbewegung; Welthandel; Wirtschaftsleben.

Naturlehre. Die Grundbegriffe der modernen Naturlehre. Von Professor Dr. Felix Auerbach. 2. Auflage. Mit 79 Figuren im Text.

Eine zusammenhängende, für jeden Gebildeten verständliche Entwicklung der in der modernen Naturlehre eine allgemeine und exakte Rolle spielenden Begriffe Raum und Bewegung, Kraft und Masse und die allgemeinen Eigenschaften der Materie, Arbeit, Energie und Entropie.

Naturwissenschaften s. Abstammungslehre; Ameisen; Astronomie; Befruchtungsvorgang; Chemie; Erde; Haushalt; Licht; Meeresforschung; Mensch; Moleküle; Naturlehre; Obstbau; Pflanzen; Religion; Strahlen; Tierleben; Weltall; Wetter.

Nervensystem. Vom Nervensystem, seinem Bau und seiner Bedeutung für Leib und Seele im gesunden und kranken Zustande. Von Professor Dr. R. Zander. Mit 27 Figuren im Text.

Erörtert die Bedeutung der nervösen Vorgänge für den Körper, die Geistestätigkeit und das Seelenleben und sucht klarzulegen, unter welchen Bedingungen Störungen der nervösen Vorgänge auftreten, wie sie zu beseitigen und zu vermeiden sind.

Obstbau. Der Obstbau. Von Dr. Ernst Voges. Mit 13 Abbildungen im Text.

Will über die wissenschaftlichen und technischen Grundlagen des Obstbaues, sowie seine Naturgeschichte und große volkswirtschaftliche Bedeutung unterrichten. Die Geschichte des Obstbaues, das Leben des Obstbaumes, Obstbaumpflege und Obstbaumschutz, die wissenschaftliche Obstkunde, die Ästhetik des Obstbaues gelangen zur Behandlung.

Optik (s. a. Mikroskop; Stereoskop). Die optischen Instrumente. Von Dr. M. von Rohr. Mit 84 Abbildungen im Text.

Gibt eine elementare Darstellung der optischen Instrumente nach modernen Anschauungen, wobei weder das Ultramikrostop noch die neuen Apparate zur Mikrophotographie mit ultraviolettem Licht (Monochromate), weder die Prismen- noch die Zielfernrohre, weder die Projektionsapparate noch die stereoskopischen Entfernungsmesser und der Stereokomparator fehlen.

Ostasien s. Kunst.

Pädagogik (s. a. Bildungswesen; Fröbel; Hilfsschulwesen; Knabenhandarbeit; Mädchenschule; Schulwesen). Allgemeine Pädagogik. Von Professor Dr. Theobald Ziegler. 2. Auflage.

Behandelt die großen Fragen der Volkserziehung in praktischer, allgemeinverständlicher Weise und in sittlich-sozialem Geiste. Die Zwecke und Motive der Erziehung, das Erziehungsgeschäft selbst, dessen Organisation werden erörtert, die verschiedenen Schulgattungen dargestellt.

Palästina. Palästina und seine Geschichte. Sechs Vorträge von Professor Dr. H. Freiherr von Soden. 2. Auflage. Mit 2 Karten und 1 Plan von Jerusalem und 6 Ansichten des heiligen Landes.

Ein Bild, nicht nur des Landes selbst, sondern auch alles dessen, was aus ihm hervor- oder über es hingegangen ist im Laufe der Jahrhunderte — ein wechselvolles, farbenreiches Bild, in dessen Verlauf die Patriarchen Israels und die Kreuzfahrer, David und Christus, die alten Assyrer und die Scharen Mohammeds einander ablösen.

Patentrecht s. Gewerbe.

Pflanzen (f. a. Obstbau; Tierleben). Unsere wichtigsten Kulturpflanzen. Von Professor Dr. K. Giesenhagen. Mit 40 Figuren im Text.

Behandelt die Getreidepflanzen und ihren Anbau nach botanischen wie kulturgeschichtlichen Gesichtspunkten, damit zugleich in anschaulichster Form allgemeine botanische Kenntnisse vermittelnd.

——— Vermehrung und Sexualität bei den Pflanzen. Von Privatdozent Dr. Ernst Küster. Mit 38 Abbildungen im Text.

Gibt eine kurze Übersicht über die wichtigsten Formen der vegetativen Vermehrung und beschäftigt sich eingehend mit der Sexualität der Pflanzen, deren überraschend vielfache und mannigfaltige Äußerungen, ihre große Verbreitung im Pflanzenreich und ihre in allen Einzelheiten erkennbare Übereinstimmung mit der Sexualität der Tiere zur Darstellung gelangen.

Philosophie (f. a. Kant; Menschenleben; Schopenhauer; Weltanschauung; Weltproblem). Die Philosophie der Gegenwart in Deutschland. Eine Charakteristik ihrer Hauptrichtungen. Von Professor Dr. O. Külpe. 3. Auflage.

Schildert die vier Hauptrichtungen der deutschen Philosophie der Gegenwart, den Positivismus, Materialismus, Naturalismus und Idealismus, nicht nur im allgemeinen, sondern auch durch eingehendere Würdigung einzelner typischer Vertreter wie Mach und Dühring, Haeckel, Nietzsche, Fechner, Lotze, v. Hartmann und Wundt.

Physik f. Licht; Mikroskop; Moleküle; Naturlehre; Optik; Strahlen.

Polarforschung. Die Polarforschung. Geschichte der Entdeckungsreisen zum Nord- und Südpol von den ältesten Zeiten bis zur Gegenwart. Von Professor Dr. Kurt Haffert. Mit 6 Karten auf 2 Tafeln.

Faßt die Hauptfortschritte und Ergebnisse der Jahrhunderte alten, au tragischen und interessanten Momenten überreichen Entdeckungstätigkeit zusammen.

Pompeji, eine hellenistische Stadt in Italien. Von Hofrat Professor Dr. Fr. v. Duhn. Mit 62 Abbildungen.

Sucht, durch zahlreiche Abbildungen unterstützt, an dem besonders greifbaren Beispiel Pompejis die Übertragung der griechischen Kultur und Kunst nach Italien, ihr Werden zur Weltkultur und Weltkunst verständlich zu machen, wobei die Hauptphasen der Entwicklung Pompejis, immer im Hinblick auf die gestaltende Bedeutung, die gerade der Hellenismus für die Ausbildung der Stadt, ihrer Lebens- und Kunstformen gehabt hat, zur Darstellung gelangen.

Psychologie f. Mensch; Nervensystem; Seele.

Rechtsschutz f. Gewerbe.

Religion (f. a. Buddha; Christentum; Germanen; Jesuiten; Jesus; Luther). Die Grundzüge der israelitischen Religionsgeschichte. Von Professor Dr. Fr. Giesebrecht.

Schildert, wie Israels Religion entsteht, wie sie die nationale Schale sprengt, um in den Propheten die Ansätze einer Menschheitsreligion auszubilden, wie auch diese neue Religion sich verpuppt in die Formen eines Priesterstaats.

——— Religion und Naturwissenschaft in Kampf und Frieden. Ein geschichtlicher Rückblick von Dr. A. Pfannkuche.

Will durch geschichtliche Darstellung der Beziehungen beider Gebiete eine vorurteilsfreie Beurteilung des heiß umstrittenen Problems ermöglichen. Ausgehend von der ursprünglichen Einheit von Religion und Naturerkennen in den Naturreligionen schildert der Verfasser das Entstehen der Naturwissenschaft in Griechenland und der Religion in Israel, um dann zu zeigen, wie aus der Verschwisterung beider jene ergreifenden Konflikte erwachsen, die sich besonders an die Namen von Kopernikus und Darwin knüpfen.

Aus Natur und Geisteswelt.

Jedes Bändchen geheftet 1 Mk., geschmackvoll gebunden 1 Mk. 25 Pfg.

Religion. Die religiösen Strömungen der Gegenwart. Von Superintendent D. A. H. Braasch.

Will die gegenwärtige religiöse Lage nach ihren bedeutsamen Seiten hin darlegen und ihr
geschichtliches Verständnis vermitteln; die markanten Persönlichkeiten und Richtungen, die durch
wissenschaftliche und wirtschaftliche Entwicklung gestellten Probleme, wie die Ergebnisse der
Forschung, der Ultramontanismus wie die christliche Liebestätigkeit gelangen zur Behandlung.

Rom. Die ständischen und sozialen Kämpfe in der römischen Republik.
Von Privatdozent Dr. Leo Bloch.

Behandelt die Sozialgeschichte Roms, soweit sie mit Rücksicht auf die die Gegenwart bewegenden
Fragen von allgemeinem Interesse ist. Insbesondere gelangen die durch die Großmachtstellung
Roms bedingte Entstehung neuer sozialer Unterschiede, die Herrschaft des Amtsadels und des
Kapitals, auf der anderen Seite eines großstädtischen Proletariats zur Darstellung, die ein
Ausblick auf die Lösung der Parteikämpfe durch die Monarchie beschließt.

Schiller. Von Professor Dr. Th. Ziegler. Mit dem Bildnis Schillers
von Kügelgen in Heliogravüre.

Gedacht als eine Einführung in das Verständnis von Schillers Werdegang und Werken,
behandelt das Büchlein vor allem die Dramen Schillers und sein Leben, ebenso aber auch
einzelne seiner lyrischen Gedichte und die historischen und die philosophischen Studien als ein
wichtiges Glied in der Kette seiner Entwicklung.

Schopenhauer. Seine Persönlichkeit, seine Lehre, seine Bedeutung. Sechs
Vorträge von Oberlehrer H. Richert. Mit dem Bildnis Schopenhauers.

Unterrichtet über Schopenhauer in seinem Werden, seinen Werken und seinem Fortwirken, in
seiner historischen Bedingtheit und seiner bleibenden Bedeutung, indem es eine gründliche
Einführung in die Schriften Schopenhauers und zugleich einen zusammenfassenden Überblick
über das Ganze seines philosophischen Systems gibt.

Schriftwesen. Schrift- und Buchwesen in alter und neuer Zeit. Von
Professor Dr. O. Weise. 2. Auflage. Mit 37 Abbildungen.

Verfolgt durch mehr als vier Jahrtausende Schrift-, Brief- und Zeitungswesen, Buchhandel
und Bibliotheken.

Schulhygiene. Von Privatdozent Dr. Leo Burgerstein. Mit einem
Bildnis und 33 Figuren im Text.

Bietet eine auf den Forschungen und Erfahrungen in den verschiedensten Kulturländern beruhende
Darstellung, die ebenso die Hygiene des Unterrichts und Schullebens wie jene des Hauses,
die im Zusammenhang mit der Schule stehenden modernen materiellen Wohlfahrtsein-
richtungen, endlich die hygienische Unterweisung der Jugend, die Hygiene des Lehrers
und die Schularztfrage behandelt.

Schulwesen (s. a. Bildungswesen; Fröbel; Hilfsschulwesen; Mädchenschule;
Pädagogik). Geschichte des deutschen Schulwesens. Von Oberrealschuldirektor
Dr. K. Knabe.

Stellt die Entwicklung des deutschen Schulwesens in seinen Hauptperioden dar und bringt
so Anfänge des deutschen Schulwesens, Scholastik, Humanismus, Reformation, Gegenreformation,
neue Bildungsziele, Pietismus, Philanthropismus, Aufklärung, Neuhumanismus, Prinzip der
allseitigen Ausbildung vermittels einer Anstalt, Teilung der Arbeit und den nationalen
Humanismus der Gegenwart zur Darstellung.

—————— Schulkämpfe der Gegenwart. Vorträge zum Kampf um die
Volksschule in Preußen, gehalten in der Humboldt-Akademie in Berlin.
Von J. Tews.

Knapp und doch umfassend stellt der Verfasser die Probleme dar, um die es sich bei der
Reorganisation der Volksschule handelt, deren Stellung zu Staat und Kirche, deren Abhängigkeit von Zeitgeist und Zeitbedürfnissen, deren Wichtigkeit für die Herausgestaltung einer
volksfreundlichen Gesamtkultur scharf beleuchtet werden.

17

Schulwesen. Volksschule und Lehrerbildung in den Vereinigten Staaten von Nordamerika. Von Direktor Dr. Franz Kuypers.

Der Verfasser hat nicht nur die Weltausstellung zu St. Louis gründlich studiert, sondern sich auch sonst in den Schulen der fortgeschrittenen Staaten Nordamerikas umgesehen. Anschaulich schildert er das Schulwesen vom Kindergarten bis zur Hochschule, überall das Wesentliche der amerikanischen Erziehungsweise (die stete Erziehung zum Leben, das Wecken des Betätigungstriebes, das Hindrängen auf praktische Verwertung usw.) hervorhebend. Dabei wird der Leser zum Vergleich mit der heimischen Unterrichtsmanier (strenger stufenmäßiger Aufbau, Vorherrschen des Dozierens u. dgl.) angeregt.

Seekrieg s. Kriegswesen.

Seele s. Mensch.

Sinnesleben s. Mensch.

Soziale Bewegungen (s. a. Arbeiterschutz; Frauenbewegung). Soziale Bewegungen und Theorien bis zur modernen Arbeiterbewegung. Von Professor Dr. G. Maier. 3. Auflage.

In einer geschichtlichen Betrachtung, die mit den altorientalischen Kulturvölkern beginnt, werden an den zwei großen wirtschaftlichen Schriften Platos die Wirtschaft der Griechen, an der Gracchischen Bewegung die der Römer beleuchtet, ferner die Utopie des Thomas Morus, andererseits der Bauernkrieg behandelt, die Bestrebungen Colberts und das Merkantilsystem, die Physiokraten und die ersten wissenschaftlichen Staatswirtschaftslehrer gewürdigt und über die Entstehung des Sozialismus und die Anfänge der neueren Handels-, Zoll- und Verkehrspolitik aufgeklärt.

Sprache s. Muttersprache; Stimme.

Städtewesen. Deutsche Städte und Bürger im Mittelalter. Von Oberlehrer Dr. B. Heil. 2. Auflage. Mit zahlreichen Abbildungen im Text und auf 1 Doppeltafel.

Stellt die geschichtliche Entwicklung dar, schildert die wirtschaftlichen, sozialen und staatsrechtlichen Verhältnisse und gibt ein zusammenfassendes Bild von der äußeren Erscheinung und dem inneren Leben der deutschen Städte.

—————— Historische Städtebilder aus Holland und Niederdeutschland. Vorträge gehalten bei der Oberschulbehörde in Hamburg. Von Regierungs-Baumeister Albert Erbe. Mit 59 Abbildungen.

Will dem als Zeichen wachsenden Kunstverständnisses zu begrüßenden Sinn für die Reize der alten malerischen Städtebilder durch eine mit Abbildungen reich unterstützte Schilderung der so eigenartigen und vielfachen Herrlichkeit Alt-Hollands wie Niederdeutschlands, ferner Danzigs, Lübecks, Bremens und Hamburgs nicht nur vom rein künstlerischen, sondern auch vom kulturgeschichtlichen Standpunkt aus entgegenkommen.

—————— Kulturbilder aus griechischen Städten. Von Oberlehrer Dr. Erich Ziebarth. Mit 22 Abbildungen im Text und 1 Tafel.

Sucht ein anschauliches Bild zu entwerfen von dem Aussehen einer altgriechischen Stadt und von dem städtischen Leben in ihr, auf Grund der Ausgrabungen und der inschriftlichen Denkmäler; die altgriechischen Bergstädte Thera, Pergamon, Priene, Milet, der Tempel von Didyma werden geschildert. Stadtpläne und Abbildungen suchen die einzelnen Städtebilder zu erläutern.

Stereoskop (s. a. Optik). Das Stereoskop und seine Anwendungen. Von Professor Th. Hartwig. Mit 40 Abbildungen im Text und 19 stereoskopischen Tafeln.

Behandelt die verschiedenen Erscheinungen und praktischen Anwendungen der Stereoskopie, insbesondere die stereoskopischen Himmelsphotographien, die stereoskopische Darstellung mikroskopischer Objekte, das Stereoskop als Meßinstrument und die Bedeutung und Anwendung des Stereokomparators, insbesondere in bezug auf photogrammetrische Messungen. Beigegeben sind 19 stereoskopische Tafeln.

Stimme, die menschliche, und ihre Hygiene. Von Professor Dr. P. Gerber. Mit 20 Abbildungen.

Nach den notwendigsten Erörterungen über das Zustandekommen und über die Natur der Töne wird der Kehlkopf des Menschen, sein Bau, seine Verrichtungen und seine Funktion als musikalisches Instrument behandelt; dann werden die Gesang- und die Sprechstimme, ihre Ausbildung, ihre Fehler und Erkrankungen, sowie deren Verhütung und Behandlung, insbesondere Erkältungskrankheiten, die professionelle Stimmschwäche, der Alkoholeinfluß und die Abhärtung erörtert.

Strahlen (s. a. Licht). Sichtbare und unsichtbare Strahlen. Von Professor Dr. R. Börnstein und Professor Dr. W. Marckwald. Mit 82 Abbildungen.

Schildert die verschiedenen Arten der Strahlen, darunter die Kathoden- und Röntgenstrahlen, die Hertzschen Wellen, die Strahlungen der radioaktiven Körper (Uran und Radium) nach ihrer Entstehung und Wirkungsweise, unter Darstellung der charakteristischen Vorgänge der Strahlung.

Technik (s. a. Beleuchtungsarten; Dampf; Eisenbahnen; Eisenhüttenwesen; Ingenieurtechnik; Metalle; Mikroskop; Rechtsschutz; Stereoskop; Wärmekraftmaschinen). Am sausenden Webstuhl der Zeit. Übersicht über die Wirkungen der Entwicklung der Naturwissenschaften und der Technik auf das gesamte Kulturleben. Von Geh. Regierungsrat Professor Dr. W. Launhardt. 2. Auflage. Mit 16 Abbildungen im Text und auf 5 Tafeln.

Ein geistreicher Rückblick auf die Entwicklung der Naturwissenschaften und der Technik, der die Weltwunder unserer Zeit verdankt werden.

Tee s. Kaffee.

Theater (s. a. Drama). Das Theater. Sein Wesen, seine Geschichte, seine Meister. Von Professor Dr. K. Borinski. Mit 8 Bildnissen.

Begreift das Drama als ein Selbstgericht des Menschentums und charakterisiert die größten Dramatiker der Weltliteratur bei aller Knappheit liebevoll und geistvoll, wobei es die dramatischen Meister der Völker und Zeiten tunlichst selbst reden läßt.

Theologie s. Bibel; Christentum; Jesus; Palästina; Religion.

Tierleben (s. a. Ameise; Mensch und Tier). Die Beziehungen der Tiere zueinander und zur Pflanzenwelt. Von Professor Dr. K. Kraepelin.

Stellt in großen Zügen eine Fülle wechselseitiger Beziehungen der Organismen zueinander dar. Familienleben und Staatenbildung der Tiere, wie die interessanten Beziehungen der Tiere und Pflanzen zueinander werden geschildert.

———— Einführung in die Tierkunde. Von Privatdozent Dr. Kurt Hennings.

Will die Einheitlichkeit des gesamten Tierreiches zum Ausdruck bringen, Bewegung und Empfindung, Stoffwechsel und Fortpflanzung als die charakterisierenden Eigenschaften aller Tiere darstellen und sodann die Tätigkeit des Tierleibes aus seinem Bau verständlich machen, wobei der Schwerpunkt der Darstellung auf die Lebensweise der Tiere gelegt ist. So werden nach einem Vergleich der drei Naturreiche die Bestandteile des tierischen Körpers behandelt, sodann ein Überblick über die sieben großen Kreise des Tierreiches gegeben, ferner Bewegung und Bewegungsorgane, Aufenthaltsort, Bewußtsein und Empfindung, Nervensystem und Sinnesorgane, Stoffwechsel, Fortpflanzung und Entwicklung erörtert.

Tierleben. Zwiegestalt der Geschlechter in der Tierwelt (Dimorphismus). Von Dr. **Friedrich Knauer.** Mit zahlreichen Vollbildern und Textbildern.

Zahlreiche niederste Tiere pflanzen sich ungeschlechtlich fort, und bis zu den Fischen hinauf finden wir bei zahlreichen Tiergruppen die Einzelindividuen als Zwitter. Aus diesem Hermaphroditismus hat sich allmählich die Zweigeschlechtigkeit herausgebildet, die es wieder bei verschiedenen Tierarten zu auffälligstem geschlechtlichem Dimorphismus, ja zu so weit gehender Verschiedenheit der Männchen und Weibchen derselben Art gebracht hat, daß selbst Fachleute wiederholt Männchen und Weibchen ein und derselben Art für Individuen verschiedener Art angesprochen haben. Vorliegende Schrift führt dem Leser aus der Fülle der Beispiele die interessanten Fälle solcher Verschiedenheit zwischen Männchen und Weibchen vor und kommt dabei auch vielfach auf die Brutpflege in der Tierwelt und das Verhalten der Männchen zu derselben zu sprechen.

——— Die Lebensbedingungen und die geographische Verbreitung der Tiere. Von Professor Dr. **Otto Maas.**

Es soll hier nicht, wie es in verdienstvoller Weise von mancher Seite geschehen ist, ein gedrängtes Nachschlagebüchlein für den Studenten und Fachmann gegeben werden, sondern bei wissenschaftlich nicht vorgebildeten Kreisen Interesse für die Sache, die „Tiergeographie" erweckt werden. Manche Anknüpfungen an soziale Fragen werden dabei berührt. Es kann dies nicht geschehen, ohne auf biologische Gesichtspunkte, auf die „Lebensbedingungen" einzugehen. Der Hauptzweck des Bändchens soll aber sein, auf die allgemeinen Gesichtspunkte aufmerksam zu machen, die sich aus einer Betrachtung der Tierwelt überhaupt, auch der heimatlichen, ergeben.

Tuberkulose. Die Tuberkulose, ihr Wesen, ihre Verbreitung, Ursache, Verhütung und Heilung. Für die Gebildeten aller Stände gemeinfaßlich dargestellt von Oberstabsarzt Dr. **W. Schumburg.** Mit 1 Tafel und 8 Figuren im Text.

Schildert nach einem Überblick über die Verbreitung der Tuberkulose das Wesen derselben, beschäftigt sich eingehend mit dem Tuberkelbazillus, bespricht die Maßnahmen, durch die man ihn von sich fernhalten kann, und erörtert die Fragen der Heilung der Tuberkulose, vor allem die hygienisch-diätetische Behandlung in Sanatorien und Lungenheilstätten.

Turnen s. Leibesübungen.

Verfassung (s. a. Fürstentum). Grundzüge der Verfassung des Deutschen Reiches. Sechs Vorträge von Professor Dr. **E. Loening.** 2. Auflage.

Beabsichtigt in gemeinverständlicher Sprache in das Verfassungsrecht des Deutschen Reiches einzuführen, soweit dies für jeden Deutschen erforderlich ist, und durch Aufweisung des Zusammenhanges sowie durch geschichtliche Rückblicke und Vergleiche den richtigen Standpunkt für das Verständnis des geltenden Rechtes zu gewinnen.

Verkehrsentwicklung (s. a. Eisenbahnen; Technik). Verkehrsentwicklung in Deutschland. 1800—1900. Vorträge über Deutschlands Eisenbahnen und Binnenwasserstraßen, ihre Entwicklung und Verwaltung, sowie ihre Bedeutung für die heutige Volkswirtschaft von Professor Dr. **W. Lotz.** 2. Aufl.

Gibt nach einer kurzen Übersicht über die Hauptfortschritte in den Verkehrsmitteln und deren wirtschaftliche Wirkungen eine Geschichte des Eisenbahnwesens, schildert den heutigen Stand der Eisenbahnverfassung, das Güter- und das Personentarifwesen, die Reformversuche und die Reformfrage, ferner die Bedeutung der Binnenwasserstraßen und endlich die Wirkungen der modernen Verkehrsmittel.

Aus Natur und Geisteswelt.

Jedes Bändchen geheftet 1 Mk., geschmackvoll gebunden 1 Mk. 25 Pfg.

Versicherung (s. a. Arbeiterschutz). Grundzüge des Versicherungswesens. Von Professor Dr. A. Manes.

Behandelt sowohl die Stellung der Versicherung im Wirtschaftsleben, die Entwicklung der Versicherung, die Organisation ihrer Unternehmungsformen, den Geschäftsgang eines Versicherungsbetriebs, die Versicherungspolitik, das Versicherungsvertragsrecht und die Versicherungswissenschaft, als die einzelnen Zweige der Versicherung, wie Lebensversicherung, Unfallversicherung, Haftpflichtversicherung, Transportversicherung, Feuerversicherung, Hagelversicherung, Viehversicherung, kleinere Versicherungszweige, Rückversicherung.

Volkslied. Das deutsche Volkslied. Über Wesen und Werden des deutschen Volksgesanges. Von Privatdozent Dr. J. W. Bruinier. 2. Auflage.

Handelt in schwungvoller Darstellung vom Wesen und Werden des deutschen Volksgesanges, unterrichtet über die deutsche Volksliederpflege in der Gegenwart, über Wesen und Ursprung des deutschen Volksgesanges, Skop und Spielmann, Geschichte und Mär, Leben und Liebe.

Volksstämme. Die deutschen Volksstämme und Landschaften. Von Professor Dr. O. Weise. 2. Auflage. Mit 29 Abbildungen im Text und auf Tafeln.

Schildert, durch eine gute Auswahl von Städte-, Landschafts- und anderen Bildern unterstützt, die Eigenart der deutschen Gaue und Stämme, die charakteristischen Eigentümlichkeiten der Landschaft, den Einfluß auf das Temperament und die geistige Anlage der Menschen, die Leistungen hervorragender Männer, Sitten und Gebräuche, Sagen und Märchen, Besonderheiten in der Sprache und Hauseinrichtung u. a. m.

Volkswirtschaftslehre s. Amerika; Arbeiterschutz; Bevölkerungslehre; Frauenbewegung; Japan; Soziale Bewegungen; Verkehrsentwicklung; Versicherung; Wirtschaftsgeschichte.

Warenzeichenrecht s. Gewerbe.

Wärme s. Chemie.

Wärmekraftmaschinen (s. a. Dampf). Einführung in die Theorie und den Bau der neueren Wärmekraftmaschinen (Gasmaschinen). Von Professor Dr. Richard Vater. 2. Auflage. Mit 34 Abbildungen.

Will Interesse und Verständnis für die immer wichtiger werdenden Gas-, Petroleum- und Benzinmaschinen erwecken. Nach einem einleitenden Abschnitte folgt eine kurze Besprechung der verschiedenen Betriebsmittel, wie Leuchtgas, Kraftgas usw., der Viertakt- und Zweitaktwirkung, woran sich dann das Wichtigste über die Bauarten der Gas-, Benzin-, Petroleum- und Spiritusmaschinen sowie eine Darstellung des Wärmemotors Patent Diesel anschließt.

—— Neuere Fortschritte auf dem Gebiete der Wärmekraftmaschinen. Von Professor Dr. Richard Vater. Mit 48 Abbildungen.

Ohne den Streit, ob „Lokomobile oder Sauggasmaschine", „Dampfturbine oder Großgasmaschine", entscheiden zu wollen, behandelt Verfasser die einzelnen Maschinengattungen mit Rücksicht auf ihre Vorteile und Nachteile, wobei im zweiten Teil der Versuch unternommen ist, eine möglichst einfache und leichtverständliche Einführung in die Theorie und den Bau der Dampfturbine zu geben.

Wasser s. Chemie.

Aus Natur und Geisteswelt.

Jedes Bändchen geheftet 1 Mk., geschmackvoll gebunden 1 Mk. 25 Pfg.

Weltall (s. a. Astronomie). Der Bau des Weltalls. Von Professor Dr. J. Scheiner. 2. Auflage. Mit 24 Figuren im Text und auf einer Tafel.

Stellt nach einer Einführung in die wirklichen Verhältnisse von Raum und Zeit im Weltall dar, wie das Weltall von der Erde aus erscheint, erörtert den inneren Bau des Weltalls, d. h. die Struktur der selbständigen Himmelskörper und schließlich die Frage über die äußere Konstitution der Fixsternwelt.

Weltanschauung (s. a. Kant; Menschenleben; Philosophie; Weltproblem). Die Weltanschauungen der großen Philosophen der Neuzeit. Von Professor Dr. L. Busse. 2. Auflage.

Will mit den bedeutendsten Erscheinungen der neueren Philosophie bekannt machen; die Beschränkung auf die Darstellung der großen klassischen Systeme ermöglicht es, die beherrschenden und charakteristischen Grundgedanken eines jeden scharf herauszuarbeiten und so ein möglichst klares Gesamtbild der in ihm enthaltenen Weltanschauung zu entwerfen.

Weltäther s. Moleküle.

Welthandel. Geschichte des Welthandels. Von Oberlehrer Dr. Max Georg Schmidt.

Eine zusammenfassende Übersicht der Entwickelung des Handels führt von dem Altertum an über das Mittelalter, in dem Konstantinopel, seit den Kreuzzügen Italien und Deutschland den Weltverkehr beherrschen, zur Neuzeit, die mit der Auffindung des Seewegs nach Indien und der Entdeckung Amerikas beginnt und bis zur Gegenwart, in der auch der deutsche Kaufmann nach dem alten Hansawort „Mein Feld ist die Welt" den ganzen Erdball erobert.

Weltproblem (s. a. Philosophie; Weltanschauung). Das Weltproblem von positivistischem Standpunkte aus. Von Privatdozent Dr. J. Petzoldt.

Sucht die Geschichte des Nachdenkens über die Welt als eine sinnvolle Geschichte von Irrtümern psychologisch verständlich zu machen im Dienste der von Schuppe, Mach und Avenarius vertretenen Anschauung, daß es keine Welt an sich, sondern nur eine Welt für uns gibt, ihre Elemente nicht Atome oder sonstige absolute Existenzen, sondern Farben-, Ton-, Druck-, Raum-, Zeit- usw. Empfindungen sind, trotzdem aber die Dinge nicht bloß subjektiv, nicht bloß Bewußtseinserscheinungen sind, vielmehr die aus jenen Empfindungen zusammengesetzten Bestandteile unserer Umgebung fortexistierend zu denken sind, auch wenn wir sie nicht mehr wahrnehmen.

Wetter. Wind und Wetter. Fünf Vorträge über die Grundlagen und wichtigeren Aufgaben der Meteorologie. Von Professor Dr. Leonh. Weber. Mit 27 Figuren im Text und 3 Tafeln.

Schildert die historischen Wurzeln der Meteorologie, ihre physikalischen Grundlagen und ihre Bedeutung im gesamten Gebiete des Wissens, erörtert die hauptsächlichsten Aufgaben, die dem ausübenden Meteorologen obliegen, wie die praktische Anwendung in der Wettervorhersage.

Wirtschaftsgeschichte (s. a. Amerika; Eisenbahnen; Geographie; Handwerk; Japan; Rom; Soziale Bewegungen; Verkehrsentwicklung). Die Entwicklung des deutschen Wirtschaftslebens im 19. Jahrhundert. Von Professor Dr. L. Pohle.

Gibt in gedrängter Form einen Überblick über die gewaltige Umwälzung, die die deutsche Volkswirtschaft im letzten Jahrhundert durchgemacht hat: die Umgestaltung der Landwirtschaft; die Lage von Handwerk und Hausindustrie; die Entstehung der Großindustrie mit ihren Begleiterscheinungen; Kartellbewegung und Arbeiterfrage; die Umgestaltung des Verkehrswesens und die Wandlungen auf dem Gebiete des Handels.

Wirtschaftsgeschichte. Deutsches Wirtschaftsleben. Auf geographischer Grundlage geschildert von Professor Dr. Chr. Gruber. Mit 4 Karten.

Beabsichtigt, ein gründliches Verständnis für den sieghaften Aufschwung unseres wirtschaftlichen Lebens seit der Wiederaufrichtung des Reichs herbeizuführen und darzulegen, inwieweit sich Produktion und Verkehrsbewegung auf die natürlichen Gelegenheiten, die geographischen Vorzüge unseres Vaterlandes stützen können und in ihnen sicher verankert liegen.

—————— Wirtschaftliche Erdkunde. Von Professor Dr. Chr. Gruber.

Will die ursprünglichen Zusammenhänge zwischen der natürlichen Ausstattung der einzelnen Länder und der wirtschaftlichen Kraftäußerung ihrer Bewohner klar machen und das Verständnis für die wahre Machtstellung der einzelnen Völker und Staaten eröffnen. Das Weltmeer als Hochstraße des Weltwirtschaftsverkehrs und als Quelle der Völkergröße, — die Landmassen als Schauplatz alles Kulturlebens und der Weltproduktion, — Europa nach seiner wirtschaftsgeographischen Veranlagung und Bedeutung, — die einzelnen Kulturstaaten nach ihrer wirtschaftlichen Entfaltung (viele geistreiche Gegenüberstellungen!): all dies wird in anschaulicher und großzügiger Weise vorgeführt.

Zoologie f. Ameisen; Tierleben.

Übersicht nach den Autoren.